ESC
NU

Laura Esquivel

Laura Esquivel es maestra, guionista de cine y escritora. Con su primera novela, el bestseller mundial *Como agua para chocolate*, alcanzó reconocimiento internacional y se convirtió en una de las escritoras mexicanas más importantes de su generación. Vendió más de cuatro millones de ejemplares, y ha sido traducido a treinta y cinco idiomas. Esquivel fue la primera autora extranjera en ser premiada con el American Booksellers Book of the Year Award en 1994. Ha publicado además otras novelas como *Malinche*, *Tan veloz como el deseo*, *La ley del amor*, *Íntimas suculencias*, *El libro de las emociones* y *Estrellita marinera*. Vive en la Ciudad de México.

ESCRIBIENDO LA
NUEVA HISTORIA

ESCRIBIENDO LA NUEVA HISTORIA

Cómo dejar de ser víctima
en doce sesiones

Laura Esquivel

VINTAGE ESPAÑOL
Una división de Random House LLC
Nueva York

PRIMERA EDICIÓN VINTAGE ESPAÑOL, ABRIL 2014

Información de catalogación de publicaciones disponible en
la Biblioteca del Congreso de los Estados Unidos.

Vintage ISBN en tapa blanda: 978-0-8041-7124-3
Vintage eBook ISBN: 978-0-8041-7125-0

Para venta exclusiva en EE.UU., Canadá, Puerto Rico y Filipinas.

www.vintageespanol.com

Impreso en los Estados Unidos de América
10 9 8 7 6 5 4 3 2

ESCRIBIENDO LA NUEVA HISTORIA

PRIMERA SESIÓN

¿Quién anda contando mi historia?

La historia no es un accidente, es una opción.
BAYARD RUSTIN.

A todos los seres humanos nos gusta escuchar historias. Mucho más durante la infancia. Los niños pueden oír el mismo cuento una y otra vez a pesar de que saben perfectamente hacia dónde va el relato y de ninguna manera permiten que se modifique el final. Estar al tanto de lo que les va a suceder a los personajes de los cuentos les proporciona seguridad, ya que les garantiza que el futuro no es misterioso ni impredecible ni atemorizador. Les gusta saber que el héroe sale vencedor. Que los malos recibirán un castigo y que el orden se reestablecerá.

Al crecer nos damos cuenta de que así no funcionan las cosas. El mundo es impredecible. Ninguno de nosotros puede asegurar lo que va a pasar el día siguiente y constantemente sentimos que no somos dueños de nuestro destino. Tal vez por eso en momentos de crisis buscamos desesperadamente una salida, una solución, un camino marcado, como el que tenían los personajes de los cuentos que escuchamos en nuestra infancia. Un letrero. Una voz que diga: "Por aquí". Algo o alguien que nos ayude, pues no vemos la solución a nuestros problemas. Sería bueno darnos cuenta de que, a diferencia de las narraciones infantiles en donde alguien decidió el destino de los protagonistas, nosotros sí tenemos voz y voto en nuestra historia personal, familiar, nacional.

Los que escriben la historia de los pueblos son sus habitantes. Que no estemos conscientes de ello, que lo hayamos olvidado o que nos hayan convencido de que no podemos cambiar el curso de los acontecimientos es otra cosa. El hecho es que somos nosotros y nadie más los que vamos escribiendo nuestra historia.

En este momento casi los puedo escuchar diciendo: "Sí, cómo no". Yo no he decidido la miseria generalizada, ni las muertas de Juárez ni la corrupción ni las guerras ni las hambrunas ni el calentamiento global; y tienen razón, nadie en su sano juicio podría elegir un camino más equivocado. La pregunta es: los miembros de las altas esferas del gobierno o que están al frente de corporaciones internacionales que toman las decisiones que más afectan a la mayoría de los habitantes de este planeta, ¿están en su sano juicio? Desde mi punto vista y el de muchos más, la respuesta sería: no. ¿Entonces por qué les permitimos que sigan ocupando un puesto directivo? Las probables respuestas serían: porque esa decisión no nos compete, porque escapa de nuestro control, porque nadie nos hace caso, porque los gobernantes no nos escuchan, no respetan nuestro voto, no toman en cuenta la opinión pública, no nos ven, no nos oyen, no existimos para ellos. En otras palabras, somos víctimas del gobierno en turno y de un sistema económico mundial que hace tiempo decidió convertirnos en simples consumidores, o mano de obra barata.

Como si las cosas sucedieran por sí mismas y "fuera" de nosotros. Como si nos "pasaran" cosas desastrosas sin que de ninguna manera las pudiéramos impedir. Como si estuviéramos atomizados, separados, desconectados unos de los otros. Como si no formáramos parte de un orden superior al económico. Un orden en donde no hay nada predeterminado sino un campo infinito de posibilidades que cambian y se modifican a cada instante de acuerdo con lo que dicta nuestra manera de pensar, de sentir o de actuar.

Al abrir los periódicos o al escuchar las noticias en la televisión siento que la mayoría de los articulistas o comentaristas nos narra sólo la mitad del cuento. Es como si se quedaran en el inicio: "Había una vez un pueblo en donde diariamente aparecían decenas de decapitados". Cualquier niño preguntaría, ¿y luego qué?, ¿o me van a decir que ahí se acaba la historia? Si así es, ¡qué final más anticlimático!

Nos venden a diario historias en las que pareciera que no hay personajes que toman decisiones en sentido contrario a la violencia, al crimen, a la corrupción, a la impunidad. Como si no hubiera un poder del pueblo, como si los únicos que están actuando a sus anchas fueran los delincuentes. Como si todos nosotros no estuviéramos aquí. Como si la historia sucediera en un tiempo y espacio ajenos al nuestro. Como si en cada familia, en cada colonia, en cada país, inevitablemente se tuvieran que repetir actos de violencia, de dolor, de sufrimiento. A nadie le gusta que lo golpeen, que lo torturen, que lo exploten, que le mientan, que lo traicionen, que lo roben, que le nieguen una vida digna y sin embargo, por absurdo que parezca, estas cosas son el pan de todos los días. Desde el punto de vista de la dramaturgia, la pregunta obligada sería, ¿por qué los personajes de nuestras historias personales, familiares o nacionales toman decisiones que saben de antemano que les van a causar dolor?, ¿por qué aceptan las reglas injustas de un sistema económico depredador y suicida?, ¿por qué si los delincuentes han podido crear múltiples y eficientes redes del narcotráfico, nosotros no hemos podido crear redes de ayuda solidaria, de trueque internacional que funcionen con igual eficiencia? La respuesta es más que obvia, dirán algunos de ustedes. ¡Porque todas esas organizaciones criminales reparten dinero a manos llenas! Con dinero es posible comprar desde la voluntad de un campesino hasta la de los presidentes. No importan las consecuencias. No importa cuántos mueran ni cuántos sufran. Lo que importa es cuánto dinero me meto en la bolsa. Bueno, ante la contundencia de este hecho creo que deberíamos comenzar por ahí, por analizar por qué consideramos al dinero como el bien supremo, y la mansedumbre con la que nos ceñimos a sus caprichos. Seguir la ruta del dinero nos conducirá a la fuente de la corrupción, y ésta a una organización social que funciona con base en un solo pensamiento: primero estoy yo, luego yo y después yo. Básicamente esa idea es la que promueve un sistema económico sustentado por un individualismo extremo. Veamos qué tan separados de los otros nos contemplamos.

1. ¿Has oído hablar del efecto mariposa?, ¿crees que exista?
2. Si una bomba atómica explotara a un kilómetro de donde tú vives, ¿te afectaría?

3. ¿Crees que un terremoto en Asia puede ocasionar un tsunami en el continente americano?
4. ¿Crees que una caricia puede ocasionar una ola de ternura expandible?
5. Cuando una especie animal se extingue, ¿a cuántos ecosistemas afecta?
6. ¿A cuántas personas afecta una violación?
7. ¿Cuántas personas consideras que mueren con un asesinato? (Me refiero al impacto que su muerte tiene en el estado emocional de sus familiares.)
8. El derrame de un buque petrolero en el mar, ¿a cuántos seres vivientes afecta?

Como vemos, nuestras acciones afectan al medio ambiente y a las personas que nos rodean, tal como las acciones de otros repercuten en nuestras vidas. Muchos de nosotros ahora sólo hemos venido recibiendo el impacto de las decisiones de los otros. Decisiones que se toman sin que les importe un comino si van a afectar o no a millones de personas. La crisis mundial en la que estamos inmersos nos obliga a tomar cartas sobre el asunto y a actuar decididamente para cambiar nuestra historia.

El primer paso que tenemos que dar para convertirnos en los narradores o escritores de nuestra propia historia es tener claro qué es lo que queremos cambiar. No nos conformemos con la idea de que alguien más ya decidió por nosotros y no nos queda otra más que acatar órdenes. Si miramos a nuestro alrededor, veremos que en el mundo entero hay manifestaciones de indignados que quieren cambiar las cosas, sin embargo no siempre tienen claro cuál sería el camino a seguir. Para todos ellos escribí este libro, que está basado en un taller de dramaturgia personal que he impartido en mi país y que ha dado excelentes resultados. Es más que nada una invitación a actuar. A no quedarnos a un lado, sin ser tomados en cuenta o en el papel de "la Bella Durmiente" que está sin estar. Que escucha sin oír. Que interviene sin intervenir. Representando magistralmente a una presencia pasiva, aletargada, inhabilitada. ¿A alguien lo contrataron para representar dicho papel?, ¿alguno de ustedes lo aceptó? ¿O de plano pertenecen al grupo de los resignados que piensan que una vida miserable, un matrimonio infernal o un gobierno de asesinos y ladrones son la cruz con la que tienen que cargar hasta el fin de sus días?

Si es así no se preocupen. Espero que los ejercicios que se incluyen en este manual los ayuden a cambiar de opinión y que les brinden los elementos necesarios para adquirir una mayor claridad sobre quiénes son, qué necesitan y cómo lo pueden obtener.

Durante el ejercicio práctico que implica la escritura de una nueva historia, vamos a tomar conciencia de todas aquellas obligaciones que de pronto nos impone el mundo "civilizado" en el que supuestamente vivimos y que sentimos el compromiso de obedecer, pero que en verdad no están diseñadas ni para nuestro propio bienestar ni para el de los demás.

Reconoceremos cuáles son las barreras que nos mantienen aprisionados y nos impiden tomar las riendas de nuestro destino. El mundo que otros han diseñado para su propio beneficio es una cárcel para la mayoría de los seres humanos y, si ustedes están dispuestos a escapar de ella, descubramos dónde está la puerta de salida.

Lo único que les quiero advertir, antes de continuar, es que este manual se diseñó para orientarlos sobre cómo escribir una historia. Una nueva historia. Una historia que nadie ha escrito y que sólo a nosotros nos corresponde hacerlo. Hasta ahora hemos venido representando el papel de esclavos, de súbditos, de empleados, de rehénes, pero ya va siendo hora de que nos convirtamos en los creadores de nuestros propios papeles. Empecemos por asumir que vamos a ser los protagonistas y que tenemos el poder de decisión para marcar el rumbo que queremos tomar. Luego, lo tenemos que poner en papel. El ejercicio de la escritura es un requisito indispensable. Van a tener que participar activamente y con toda honestidad. Nadie los va a calificar. Nadie los va a juzgar. Nadie los va a corregir. No se preocupen. Lo más que va a pasar es que se encuentren con ustedes mismos y si lo logran se beneficiarán enormemente.

Al leer las preguntas de los cuestionarios que se incluyen en el texto pueden caer en la tentación de responderlos mentalmente. Eso no les va a servir de nada. Escriban por favor. ¡Escribiendo se entiende uno mismo!

Antes de continuar, les quiero pedir una disculpa. Este manual se llama *Escribiendo la nueva historia* o *Cómo dejar de ser víctima en 12 sesiones*. Bueno, pues déjenme decirles que el subtítulo es una total mentira. Dejar de ser víctima les va a tomar mucho más que 12 sesiones pues implica un trabajo profundo y constante. Perdón, pero si se los decía no iban a querer hacer el intento. Dicho lo cual, ¡continuémos!

SEGUNDA SESIÓN

¿Qué queremos cambiar?

Este paso no es tan complicado. Casi todo el mundo sabe muy bien qué es lo que no quiere. Qué es lo que no le gusta. Qué es aquello que impide su desarrollo y su bienestar. Qué es lo que le causa dolor y sufrimiento.

Lo difícil es saber lo que uno quiere. Se puede dar el caso de que aun sabiéndolo, llevemos toda una vida tratando de alcanzarlo infructuosamente. Una de las razones más comunes es que uno pretende obtenerlo por medio de la transformación de los demás. Por ejemplo, muchas mujeres que sufren violencia intrafamiliar esperan que sus esposos sean los que cambien, que dejen de ser violentos de la noche a la mañana y que les lleven flores, que las inviten al cine, que sean comprensivos y cariñosos, y así se les puede ir la

vida recibiendo golpes e insultos sin ver resultados claros. Si colocamos nuestra fe en el cambio
en las acciones y decisiones de los otros, puede
que nunca logremos ver lo que tanto anhelamos.
Quien realmente puede cambiar las cosas no es
nadie más que uno mismo. Ese cambio interno,
por insignificante que nos parezca, automáticamente se reflejará en el mundo externo. Pues
todo lo que es adentro es afuera, como todo lo
que es arriba es abajo.

Respondamos las siguientes preguntas:

1. ¿Qué es lo que te gustaría que funciona-
   ra de otra manera? (En tu familia, en tu
   lugar de estudio, en tu lugar de trabajo,
   en tu comunidad, en tu país, en el continente en el que vives, en el planeta.)
2. El cambio que deseas, ¿depende de alguien más? Por ejemplo, si una persona
   quisiera terminar con la corrupción, ¿podría lograrlo?, ¿cuántos y quiénes tendrían que participar para que ese cambio
   se concretara?

Si se dan cuenta, las decisiones de las grandes corporaciones, de las altas cúpulas del poder, de las instituciones religiosas, del Fondo Monetario Internacional, o de cualquier organización, están fuera de nuestro alcance. Podemos mostrar nuestra inconformidad con sus prácticas. Podemos indignarnos. Podemos crear organizaciones civiles que actúen en defensa de los intereses de la mayoría pero ni así tendremos garantizado el triunfo. No sólo por la reacción violenta y en sentido contrario que los poderosos puedan tomar para defender sus grandes intereses económicos, sino porque los cambios, para que sean verdaderos, tienen que ser sostenidos por estructuras sociales renovadas. Las cosas no van a cambiar a menos que todos en conjunto pensemos, actuemos y trabajemos de manera distinta. Gandhi decía: "Todo cambia cuando uno deja de repetir lo mismo".

Ése es el gran reto y el más complejo. Lo que uno hace es el resultado de lo que uno piensa. Por eso es indispensable analizar, ¿por qué pensamos como pensamos? ¿Por qué actuamos como actuamos? ¿Por qué vivimos como vivimos? Y sobre todo si estamos conscientes de que nuestro hacer y nuestro pensar alteran por completo el funcionamiento de la sociedad en la que vivimos.

No basta con desear algo para que suceda. Muchas revoluciones se han inspirado en un deseo auténtico de cambio, sin embargo los actores políticos que las llevaron a cabo, al llegar al poder, terminaron repitiendo los mismos errores que sus antecesores.

Algunos pesimistas, parafraseando a Discépolo, dirán que esto se debe a "que el mundo fue y será una porquería...". Sin embargo, y a pesar de que me encanta ese tango, me niego a afirmar que el mundo no tiene remedio. Sí lo tiene. Para documentar el optimismo, les aseguro que sí existe una forma efectiva de cambiar las cosas y es yendo directamente a las causas, en vez de a los efectos.

En la escuela aprendimos que a cada acción le corresponde una reacción. Esta explicación del funcionamiento del Universo como una gran máquina programada para reaccionar de tal o cual manera es lo que correspondería con una visión mecanicista de la historia con la que no nos meteremos en este capítulo. Lo que sí abordaremos es lo referente a las leyes que gobiernan o desgobiernan nuestra vida, una de las cuales es la de causa y efecto, ya que al ser como somos y actuando como actuamos, nos ha sido imposible obtener lo que deseamos. Tendríamos que cambiar nuestro pensar y nuestro actuar para obtener resultados diferentes.

Atrás de cada problema en nuestra vida, hay una repetición de acciones equivocadas. Una vez que las detectemos, será mucho más fácil evitar repetirlas en el presente y con ello nos aseguraremos de que su efecto no tenga lugar en el futuro. Suena lógico, ¿no?

Les propongo que la planeación de ese cambio la dividan en tres actos, como se hace dentro de una estructura dramática tradicional. En el primer acto van a plantear cuál es su problema, en el segundo acto lo van a confrontar y en el tercer acto le encontrarán una solución. Ésa es la idea. No importa que la solución a la que lleguen sea virtual. Lo importante es que le encuentren una posible solución a aquello que los perturba. Esa respuesta que obtengan tarde o temprano se reflejará en el exterior.

Por favor indica si:

1. La situación en la que te encuentras actualmente y que deseas cambiar fue generada u ocasionada por la acción o decisión de otros.

2. Siguiendo esa lógica, tus acciones o decisiones personales podrían modificar las vidas de los demás, ¿no? Ya que lo que funciona en un sentido también funciona en sentido contrario.

3. Si hay una reacción para cada acción es debido a que vivimos en un mundo in-

terconectado en donde las partes que integran un todo guardan relación entre sí y responden a los estímulos que reciben. De otra manera la "gran maquinaria" del mundo no podría funcionar, ¿o sí?

4. ¿Consideras que en el pasado algo o alguien te causó un daño permanente?
5. ¿Consideras que en el pasado tú le ocasionaste a alguien un daño permanente?
6. Eso indicaría que tú, como ser humano, ¿eres sólo el efecto de una causa que tuvo lugar en el pasado pero que sigue repercutiendo en el presente?
7. ¿Considerarías la posibilidad de que si hay alguien que fue capaz de dañarte existe alguien capaz de sanarte?
8. En caso afirmativo, ésa sería la prueba de que el daño que consideras que te ocasionaron o que ocasionaste no fue permanente, ¿o sí?

Si sólo fuéramos el efecto duradero del pasado, ya no se podría hacer nada para modificar el presente y no tendría caso continuar con el ejercicio de dramaturgia personal, pero ¿y QUÉ TAL SI somos algo más que un simple engranaje de una maquinaria que actúa siguiendo reglas eternas e inamovibles?

¿QUÉ TAL SI...? es la pregunta que abre un mundo de posibilidades. El mundo que conocemos desaparece ante nuestros ojos y surgen nuevas situaciones, personajes, soluciones. Y cada nueva posibilidad provoca un efecto dominó en el que las viejas estructuras se derrumban ante las nuevas.

Haciendo un símil entre la estructura que sostiene a un edificio y la que sostiene a un ser humano, encontraríamos que en ambos casos hay eventos pasados que nos sacudieron, que nos dejaron grietas, que afectaron nuestros cimientos. Si el daño fue muy grave, corremos el riesgo de colapsarnos. La elección más sana en esos casos sería la de demoler, para luego reconstruir. Sobre el terreno vacío se puede diseñar una nueva distribución de los espacios, levantar columnas más fuertes, reforzar los cimientos. Si lográramos concebirnos como una obra de arte que se va construyendo minuto a minuto, sin el menor reparo derrumbaríamos los muros que limitan o que ocultan nuestra verdadera imagen y levantaríamos unos nuevos.

TERCERA SESIÓN

¿Cómo rediseñar?

Cuando apelamos al "que tal si…" es que podemos visualizarnos en acción y convertirnos en actores que hacen uso de la capacidad creativa para rediseñar, reordenar, reorganizar.

La labor de transformación que se requiere urgentemente en el mundo no va a venir solamente de una amplia participación social ni de quitar gobiernos para implantar otros un poco mejorcitos. Es necesario que vayan acompañados de un cambio interno. Hay dos maneras de concretar un cambio: por contención o por transformación. El medio de contención buscará implantar nuevas leyes y castigos más severos para los criminales. Pondrá el ejército en las calles para tratar de garantizar la paz, pero estas medidas no necesariamente se traducirán en algo permanente. El verdadero cambio vendrá el día en que la gente deje de actuar de manera equivocada por convencimiento propio y no por temor a las represalias. Lo que se requiere es una transformación interna de los seres humanos que se traducirá en un cambio de conciencia y esta nueva manera de pensar se reflejará en una nueva manera de proceder y finalmente de vivir.

Para actuar de manera diferente a la que estamos acostumbrados tenemos que analizar cuál ha sido nuestro comportamiento anterior. Hay acciones que realizamos de manera automática y que a diario repetimos sin siquiera estar conscientes de que lo hacemos. Los hábitos que no se controlan se convierten en necesidades. Este tipo de necesidades no son indispensables para vivir. Por lo tanto no son necesidades sino elecciones equivocadas. Tomar conciencia de ello nos permitirá elegir nuevamente. Corregir. Organizar nuestras actividades diarias de forma distinta. El modo en que reordenemos la información que tenemos de nosotros mismos es el que marcará la diferencia entre lo que estamos viviendo y lo que deseamos vivir. Para reorganizarnos, les sugiero que se ubiquen dentro de su estructura dramática.

Esta reorganización, este jugar con múltiples posibilidades, este intercambio de roles y situaciones tiene mucho que ver con la dramaturgia. En el campo de la creación dramática se utilizan personajes arquetípicos que interactúan entre sí dentro de una determinada situación y cuentan con la capacidad de elegir entre una o más posibilidades. Elegir es renunciar. Cuando uno se inclina por una opción, automáticamente desaparece la otra, pero ¿desaparece del todo o queda latente en una especie de mundo paralelo? Eso lo veremos más adelante.

De lo que nos ocuparemos en esta sesión es en ver cómo el cambio de dirección que tomen nuestros personajes hará que la historia cambie de rumbo junto con ellos. Pero si decidieran volver atrás y elegir nuevamente podrían hacerlo, pues la posibilidad que en un momento rechazaron sigue estando abierta. No muere. Por ejemplo, cualquier utopía que alguien haya imaginado alguna vez, existe en el imaginario colectivo aunque nadie la haya hecho realidad. Si alguien lograra ponerla en práctica, si la eligieran como opción de vida, se haría realidad. Somos nosotros los que vamos cocreando el mundo con nuestras elecciones. Y aquí, nuevamente estarán pensando: "¡No, yo nunca elegiría un mundo tan injusto!". Ya lo sé, por eso tienen este manual en las manos, porque no están de acuerdo con las reglas del juego y quieren cambiarlas, pero para hacerlo es indispensable que tomemos conciencia de que, sin darnos cuenta, formamos parte de las historias que otros han diseñado a conveniencia propia.

Cuando pregunto: ¿Qué querías ser de niño?, algunos me responden: "Pues yo quería ser doctor, o antropólogo o bailarina o lo que sea, pero, no pude porque no me dejaron o porque las circunstancias me llevaron por otro camino". Y es que en verdad hay factores externos que pueden impedir nuestro crecimiento personal. Definitivamente uno de ellos es el neoliberalismo. Este modelo económico decide el destino de millones de personas. Pareciera que en las reuniones del consejo de administración de las grandes empresas que lo siguen al pie de la letra se tomaran decisiones como las siguientes: "Infórmenle al presidente de México que tiene que dejar en el abandono al campo porque esa medida va a obligar a los campesinos a abandonar su tierra para venirse de indocumentados, ¡y nos urge más mano de obra barata que aumente nuestra riqueza!"; o "necesitamos cambiar los hábitos alimenticios de la población para que engorden y luego les podamos vender tal o cual medicamento quemagrasa"; o "¿qué creen?, los fabricantes de licor se están quejando de que ha bajado el consumo de alcohol, por tanto necesitamos crear más desintegración familiar, necesitamos más gente deprimida que busque en la bebida una escapatoria o necesitamos que las escuelas públicas sean malísimas y las privadas carísimas para que millones de jóvenes queden fuera del sistema educativo y podamos tener a la mano jóvenes que no tengan otra manera de ganarse la vida que no sea trabajando como sicarios o traficantes de droga que por su corta edad no llamen la atención"; o "necesitamos policías corruptos, gobernantes ambiciosos, gente solitaria, abandonada, desamparada, miserable para que así aplaudan las migajas de ayuda que podamos darles". Parece una locura, pero les aseguro que estos pensamientos tienen que formar parte de sus estrategias ocultas.

Por ejemplo, los fabricantes de armamento tienen muy claro su estrategia de venta. Ellos saben que para tener éxito en su empresa, tienen que vender muchas armas, para lo cual es indispensable que en el mundo existan muchos enemigos, muchas zonas de conflicto, mucha gente que necesite comprar pistolas, pues. ¿Y en qué momento entramos nosotros en su historia? Cuando creemos que es sólo con la posesión de un arma que podemos garantizar nuestra seguridad personal. En ese instante ya somos protagonistas del guión que ellos escribieron, ya que vivimos en un mundo unificado, donde todo lo que afecta a una de sus partes afecta al todo, lo mismo que aquello que beneficia a una fracción, beneficia a todo el resto. Mientras más personas compartan este pensamiento de unidad, con más velocidad los cambios que deseamos obtener para la gran mayoría se harán realidad. Por el contrario, mientras más personas continúen viviendo dentro de una visión limitada, individualista y excluyente será muy difícil que vean que los problemas que actualmente tenemos que enfrentar son creados y fomentados precisamente desde esa concepción de un Universo atomizado. ¿Qué les parece si analizamos las consecuencias que acarrea en nuestras vidas la idea de la separación?

1. ¿Consideras que es más importante el bienestar económico de tu familia que el del resto de la sociedad en la que vives?, ¿por qué?
2. ¿Aceptarías trabajar en una planta nuclear que corre el riesgo de sufrir un accidente sólo porque te pagan bien?
3. ¿Considerarías como válido el planteamiento de que tu seguridad personal es

inversamente proporcional al bienestar que tu vecino pueda alcanzar?

4. Si tus vecinos tienen una vivienda digna, un buen trabajo, gozan de los beneficios de la seguridad social y tienen acceso a la educación y al arte, ¿tendrías necesidad de vivir apertrechado, transportarte en autos blindados y proteger tus pertenencias personales con alarmas, cámaras de seguridad y guardaespaldas?

5. El sistema económico bajo el que funcionamos establece y fomenta grandes diferencias sociales. ¿Considerarías como cierto el hecho de que unos tengan más dinero y posesiones que otros genera envidia, celos y resentimiento?

6. La acumulación indiscriminada en manos de unos pocos, ¿no deja sin oportunidad de desarrollo a millones de seres humanos?

7. ¿Qué es la competitividad para ti?

Desde niños nos educan para la competencia. Tenemos que ser mejores, triunfar, buscar la excelencia. Para competir, tenemos que estar separados. Compito contra otro. Y ese otro me puede hacer perder el aprecio, la admiración y el respeto de los demás. Es más, aún en el caso de que el otro sea una persona que apreciamos y con la cual compartimos nuestro afecto, nos cuesta trabajo entender que no perdemos aquello que le brindamos. Mucha gente piensa que si da su amor, lo pierde. O un vecino que intempestivamente se ve arrebatado por un acto de solidaridad de tipo económico y le hace un favor a su amigo, muy en el fondo siente que lo que dio lo pierde y espera recibir algo a cambio. Ése, desde mi punto de vista, es el origen de la corrupción, el cual está íntimamente ligado con la idea de separación. Si uno no exigiera un favor a cambio de lo que da a los otros, y por el contrario estuviera convencido de que es a sí mismo a quien se lo da, sería definitivamente otro. Los agentes de tránsito que pasan por alto una infracción a un automovilista no esperarían dinero a cambio. No voy a abundar en ejemplos porque son demasiados y terminan por abarcarnos a todos, repito, vivimos en un mundo interconectado donde compartimos muchos más pensamientos de los que imaginamos, ya que nuestras mentes están totalmente entrelazadas y tienen el poder de transmitir y recibir información.

Los nuevos científicos, como Rupert Sheldrake, nos hablan de la forma en que este intercambio constante de datos va generando lo que se podría considerar como genes de información colectiva, ya que la genética no es otra cosa que información que permanece. A nivel celular, nuestra herencia genética organiza la materia, determina el color de nuestra piel, de nuestros ojos, la predisposición a tal o cual enfermedad y en general el funcionamiento de nuestro organismo. Se distribuyen funciones. Se crean sistemas. Se puede decir que la vida es un sistema ordenado que perdura en la medida en que actúa coordinadamente contra el caos. Con el paso del tiempo, todo orden tiende al desorden, debido a que la idea original que organizó la materia tiende a perder fuerza, a desdibujarse. Baudelaire, en su momento, mencionó que los seres humanos así como somos causantes del Universo, también lo somos de su posible destrucción. Somos parte activa del cosmos. No hay que perderlo de vista. Toda la energía del Universo está en constante movimiento, en constante transformación, lo cual siempre deja abierta la posibilidad de que surja un nuevo orden como resultado de un cambio entre las partes que lo conforman. El orden y el caos, jugando amigablemente, favorecen un campo enormemente creativo donde es posible que se genere una nueva forma de vida a partir de un sistema reordenado y rediseñado.

La forma en que la materia se organiza mucho tiene que ver con la geometría y con las matemáticas. Así como se establecen distancias y coordenadas entre un punto y otro, así se van diseñando planos que representan proyectos de vida. Cada uno de ellos tiene una línea dentro del tiempo, pero su camino se entrecruza con otras líneas. Entre todos vamos formando bellas figuras geométricas. Como si fuéramos un gigantesco caleidoscopio que cambia de color y de forma cuando una de sus piezas se mueve en el espacio.

Y en ese rediseñar es donde los seres humanos jugamos un papel importante dentro de la sociedad, ya que funcionamos de igual manera que las células lo hacen dentro del cuerpo humano. Así como ellas forman parte de un tejido, de un órgano o de un sistema complejo, nosotros nos agrupamos socialmente y diseñamos fórmulas de convivencia. Compartimos y reproducimos patrones de pensamiento que mantenemos vigentes en la medida en que consideramos que nos son de utilidad. Es con base en esos genes de información colectiva que regulamos nuestra conducta, nos organizamos dentro de la comunidad a la que pertenecemos, planeamos el funcionamiento de nuestras ciudades y elegimos a nuestros gobernantes.

En este momento, el mundo ignora las necesidades de millones y millones de ciudadanos y le permite al uno por ciento de la población actuar en contra del noventa y nueve por ciento restante. ¿Por qué?, ¿qué pasa?, ¿qué señales o qué información estamos transmitiendo entre nosotros que permiten esta descomposición social y la implantación de un sistema económico equivocado? En definitiva hemos de estar haciendo algo que no está del todo correcto. Estarán de acuerdo conmigo en que tal vez ya es hora de recordar que todos estamos metidos hasta el cuello en el mismo problema y sólo podemos resolverlo juntos. Algunas situaciones tomarán más tiempo que otras en solucionarse, pero lo importante del caso es analizar la manera en que hemos participado en este caos.

Creemos, o nos hacen creer, que de cara a la sociedad sólo tenemos que responsabilizarnos por nuestras acciones, no así por nuestras emociones o pensamientos. Sin embargo, tanto los unos como los otros afectan de igual manera el mundo que nos rodea. Los pensamientos son energía en movimiento, es infantil pensar que se mantienen guardaditos en el interior de nuestro cráneo. Los pensamientos y las emociones salen de nosotros, se irradian y contagian al exterior de forma invisible. Tal vez no se les toma en cuenta porque no se ven, pero definitivamente juegan un papel trascendente en el comportamiento de los seres humanos, pues están entrelazados. La gente entiende muy bien la interconexión, pero sólo dentro del campo de la economía. Saben que cuando una bolsa de valores cae, arrastra a otras, es por eso que les entra pánico cuando la bolsa de Nueva York amanece a la baja, pero les tiene muy sin cuidado si aumenta o disminuye la cantidad de deprimidos alrededor del globo. ¿A qué inversionista le importa el dolor de la gente?, ¿a cuál banquero le preocupa la tristeza?, ¿qué publicista pierde el sueño ante la creciente ola de suicidios entre adolescentes a causa del desconsuelo?

Todo aquello que no tiene vida material no les importa. Los pensamientos son invisibles, sin embargo se mueven, como diría Galileo. Viajan, se comparten, se transforman y se hacen presentes en la manera en que nos relacionamos con los demás. En la manera en que trabajamos. En la manera en que consumimos. En la manera en que acumulamos. En la manera en que compartimos. En la manera en que celebramos. En la manera en que amamos.

No deja de sorprenderme la cantidad de patrones de comportamiento que repetimos sin considerar que nos conducen a la destrucción. Si tomamos en cuenta que el orden y el desorden se retroalimentan el uno al otro y que la tensión que provocan estas dos fuerzas encontradas propicia un campo enormemente creativo, podemos sacar provecho de los beneficios que nos brinda la ficción para sanar nuestras emociones, para escribir nuestra nueva historia con toda libertad.

CUARTA SESIÓN

Primer acto: planteamiento

¿Cómo y por dónde empiezo?

Toda historia transcurre en el tiempo. Igual que la vida, tiene un principio y un fin. Nace y muere. Los seres humanos, entre el momento en que nacemos y el que morimos, tenemos metas, objetivos, sueños, deseos, misiones por cumplir. Cuando el tiempo de alguien termina, sentimos que con él mueren todos sus propósitos, lo cual experimentamos como algo profundamente doloroso. Tan es así que cuando muere un viejo, la familia acepta su muerte con más facilidad que cuando muere un joven. Entre los lamentos que genera su muerte se pueden escuchar frases como las siguientes: "Pero cómo, si tenía tantas cosas por hacer", o "Qué pena, si tenía toda una vida por delante". Esta sensación de tristeza que dejan los propósitos incumplidos es utilizada por la cinematografía para crear suspenso.

El suspenso es la duda que tiene el espectador de si el protagonista va a lograr cumplir o no con su objetivo. Si lo logra, al público le queda una sensación de paz, si no, una de frustración. Las cosas no salieron como se esperaba y duele, siempre duele, pues habíamos acompañado al protagonista de cerca, nos habíamos identificado con él, habíamos hecho propios sus anhelos y esperanzas, obedeciendo a un deseo inconsciente de vencer a la muerte, de triunfar sobre el tiempo ya que pensamos que a cualquiera de nosotros nos puede pasar lo mismo, que nos podemos morir sin haber logrado lo que tanto queremos.

Tomando en consideración que la idea del tiempo necesariamente nos conduce a la idea de la muerte, describe qué es a lo que desearías dar vida en tu historia.

1. ¿Qué ideales quieres mantener con vida?
2. ¿Cuáles costumbres o prácticas te gustaría que murieran, que desaparecieran?

3. ¿Quién tendría el poder de decidir lo que vive o muere en ti?

Con base en las respuestas que diste al anterior cuestionario define en dónde quieres que comience tu historia. A partir de cuándo la quieres contar y en dónde y cómo quieres que termine. Tú decides si quieres mostrarnos cómo nace o cómo muere un proyecto de vida. Si lo que quieres es hablar de la manera en que muere, ése debe ser el inicio. El momento en que está agonizando. De ahí podemos retroceder en la historia y ver qué circunstancias fueron las que lo llevaron a la muerte. O puedes comenzar en el momento en que está en riesgo la existencia de alguien o de algo y luego nos muestras cómo es que se puede salvar. Tú decides.

Principio   Fin

El siguiente paso es redactar la biografía del protagonista de su historia. Mi sugerencia es que sean ustedes mismos. Les recuerdo que éste es un curso de dramaturgia personal. Si por alguna razón les cuesta mucho trabajo volcarse en su interior pueden "crear" un personaje imaginario que los represente.

Lo fundamental es escribir sus antecedentes. Les sugiero que plasmen en papel todo aquello que ustedes consideren ser. No importa si se trata de un concepto equivocado o no. Eso lo veremos más adelante.

Al hacer el análisis de ustedes mismos o del personaje que los refleja, forzosamente tendrán que hacer una revisión exhaustiva de su pasado para obtener datos que les permitan entender por qué su personaje actúa de tal o cual manera. De dónde surgen sus miedos e inseguridades y cuándo se instaló en su mente la idea de que era imposible cambiar la realidad en la que viven. Para esto les sugiero responder el siguiente cuestionario.

1. En el pasado, ¿quién consideras que tomó una acción equivocada que alteró definitivamente tu presente?

2. ¿Tienes idea de cuáles fueron las motivaciones que llevaron a esa o a esas personas para actuar en contra tuya?

3. ¿Cuál fue la impresión que te dieron la primera vez que los viste?

4. ¿Qué palabras o qué imagen te atrajeron o repelieron de esas personas?

5. ¿Qué signos no te enviaron, qué intenciones te ocultaron o simplemente cuáles te pasaron inadvertidas?

6. ¿Hubo alguna señal de peligro que ignoraste?

7. ¿Qué dolor, tristeza, decepción, frustración, te ha acompañado desde entonces?

8. ¿Sientes que la persona que eras antes de ese punto de quiebre desapareció por completo?

9. ¿Se podría decir que alguien "mató" a la persona que eras?

10. ¿La muerte acaba con lo que uno es?

11. ¿Cuántas veces más, aparte de ese acto doloroso que te transformó, te has visto expuesto a situaciones parecidas?

12. ¿Cuántas veces, sin darte cuenta, has buscado al "asesino" que puede acabar contigo (personal, emocional, profesional o políticamente hablando)?

Cuando hay una sospecha de "asesinato" los detectives de las películas realizan una investigación exhaustiva. Bueno, pues lo mismo van a tener que hacer ustedes. A lo mejor se encuentran con la agradable sorpresa de que aquella persona que estaba desaparecida, no está muerta ni andaba de parranda sino que estaba aletargada y es totalmente posible traerla de vuelta al presente. Y en ese caso, se tendría que reconsiderar el hecho de que hubo un asesinato que terminó con la existencia de alguien, pues evidentemente no es cierto. Pensar que alguna persona desgració para siempre nuestra vida implica que antes del evento traumático gozábamos de la gracia, ¿de quién? De Dios, del Universo, o como lo quieran nombrar. Y fue por medio de un acto imborrable e imperdonable que nos separaron y diferenciaron para siempre de los demás, de aquellos que

siguen siendo agraciados. Estar separados y se-
ñalados sólo es posible si así lo creemos, pero es
una falsedad. El dolor ante la pérdida de lo que
fuimos nos hace pensar que únicamente nos pueden comprender los que han experimentado el
mismo sufrimiento que nosotros y así, afirmamos
la separación al buscar la compañía de los que
sufren, de los que están condenados a vivir fuera
de la gracia. No se puede hablar de unidad desde
la separación. Ni tampoco de que el pasado sea el
señor y dueño de nosotros y de nuestro presente.

En este punto, les sugiero que se tomen todo
el tiempo que puedan. Mientras describan con
más detenimiento esa parte de su pasado, mucho
mejor resultará la escritura de su historia personal. Incluso pueden ir mucho más atrás e imaginar quiénes eran antes de nacer. Desde donde se
encontraban, ¿podían observar a los que serían
sus futuros padres? ¿Cómo eran las actividades
diarias de sus progenitores antes de que ustedes
nacieran?, ¿y cuáles después de su nacimiento?
Todo este ejercicio es mera especulación, pero
les aseguro que les va a ser de mucha utilidad.

Luego describan en qué circunstancias fueron concebidos. ¿Cuáles eran las condiciones económicas o emocionales que existían en su familia cuando nacieron? ¿Quiénes celebraron su llegada?, ¿quiénes la desaprobaron y por qué? Finalmente todos estamos aquí y de nosotros depende que nuestra estancia sea llevadera y placentera o profundamente dolorosa. Queda claro que la solución a nuestros problemas nunca vendrá de actuar y pensar desde la separación sino desde la unidad. Nuestra transformación personal, consciente de la interconexión que guarda con las fuerzas del cosmos, automáticamente redundará en beneficio de todos. Y la primera pregunta para asumir nuestra responsabilidad como agentes del cambio es: ¿soy o no soy víctima de las circunstancias?

Para su tranquilidad les diré que todos de alguna manera lo somos. ¿Cuántos inmigrantes dejan el país por sí mismos y cuántos lo hacen empujados por una necesidad económica? Por ejemplo, ¿cuántas artesanas, por gusto, se convierten en maquiladoras? ¿Cuántos campesinos, por convencimiento, dejan de sembrar maíz para sembrar marihuana? La mayor parte de las veces, hay algo o alguien que ha determinado nuestro destino.

Una de las formas de retomarlo en nuestras manos es haciendo morir en uno lo que no desea pasar a la nueva generación. Es decidirse a acabar para siempre con lo que no queremos. Matar cambia. Definitivamente cambia. Se necesita valor para desaparecer la violencia, el dolor, el ataque, las mentiras, las traiciones que guardamos en nuestro interior. Es mucho más fácil repetir hasta la náusea historias dolorosas y justificarlas diciendo: "Yo soy así de golpeador porque de niño me pegaban mucho"; o "Soy mujeriego porque mi papá también lo era"; o como el chiste del borracho que le promete a su mujer que va a cambiar y deja de beber pero al mes regresa a su casa en total estado de ebriedad y la esposa le pregunta: "¿Pues qué pasó?, ¿no que ya eras otro?". "¡Pues sí, vieja, lo que pasa es que éste me salió igual de borracho que el otro!".

El camino a seguir para dejar de ser víctima puede ser muy accidentado. En el trayecto puede suceder que de pronto ya no queramos cambiar. Hay muchos roles o, en el caso de este ejercicio, "personajes" que hemos venido representando y que no queremos dejar a un lado pues nos hemos enamorado de ellos. Puede ser el papel de la mujer abnegada, el hijo obediente, el hombre violento o la abuela manipuladora. A nivel social puede ser el ciudadano modelo, el asalariado resignado o el opositor permanente. Hay personajes oscuros que no son tan bien vistos ni son tan lucidores, como el caso de los líderes corruptos que traicionan a sus bases, pero se seguirán representando mientras haya "actores" que en un acto de suicidio colectivo los reelijan en su cargo una y otra vez. En el caso opuesto se encuentran los papeles más disputados y atractivos como el de los "salvadores". Ésos tienen una imagen muy positiva. Actúan en casos de desgracia. La ayuda que prestan es tan valorada por el resto de la sociedad que incluso se puede dar el caso de que sean los mismos "salvadores" los que no quieran que las cosas mejoren, pues si la gente dejara de necesitarlos, ¿qué sentido tendría su vida?

Por muy positivo o negativo que resulte un personaje que representamos a diario, estamos encariñados con él y nos duele dejarlo a un lado. Cambiar es perder identidad y esto ciertamente es atemorizador pues nos deja abierta la gran incógnita de "si no soy lo que soy, ¿quién soy?". ¡Qué susto!

Pero vamos a asumir que ése de ninguna manera es nuestro caso y que definitivamente estamos decididos a cambiar. Ya que tenemos claro lo que no queremos, sólo nos resta decidir qué es lo que sí deseamos y por qué. Luego tenemos que analizar cómo pensamos obtenerlo. Finalmente aparece la duda más grande: ¿cuál es el mayor obstáculo que tendremos en el camino?, ¿cuál es la fuerza poderosa e invencible que se opone a nuestros planes, que no nos deja avanzar? Y es entonces que nos topamos de frente con el MIEDO. Así, con mayúsculas. Con esa fuerza opositora que ha sido nuestra enemiga infinidad de veces. El miedo es lo único que puede paralizar a un ser humano que paradójicamente vive en un Universo en constante movimiento.

QUINTA SESIÓN

¿A qué le tengo miedo?

El miedo sólo puede experimentarse en el tiempo. Es en la temporalidad que las cosas tienen un término y eso nos aterroriza. El miedo a la pérdida emocional. El miedo al rechazo. El miedo a la vejez. El miedo a la enfermedad y todos los miedos que se puedan imaginar se encierran en un solo miedo: el miedo a la muerte o su equivalente: la pérdida.

Es importante saber a qué le tememos porque el miedo determina lo que nuestro personaje hace o deja de hacer. Una persona que le tiene miedo a las alturas nunca sería alpinista o una que le tiene miedo al agua nunca se alistaría en la marina. El miedo establece preferencias sobre nuestros estudios, sobre nuestras profesiones, sobre la forma en que nos relacionamos con los demás o la manera en que elegimos a nuestra pareja sentimental. También influye durante los procesos electorales en nuestras preferencias hacia tal o cual candidato o las simpatías que sentimos por determinado partido político. Dime qué temes y te diré quién eres.

Los gobernantes están muy claros en este rubro y en las cúpulas de poder se diseñan políticas de control de la población con base en el miedo. A mayor temor, mayor control. El pensamiento prevaleciente en las mentes de una población atemorizada es el de vulnerabilidad. De inmediato, surgirá la voz de un gobernante que con fuerza interpretará el papel de "salvador". En sus discursos abogará por la democracia, proclamará la libertad de los pueblos y las naciones, de decidir sus destinos, pero de inmediato implementará acciones encaminadas a mantener la paz y la "tranquilidad" por medio de la intervención de las fuerzas armadas. El ejército saldrá a las calles y lo más increíble es que grandes sectores de la población aplaudirán estas prácticas por considerarlas benéficas para "su seguridad".

Este ejercicio de dominio ha tenido tal éxito que actualmente es utilizado no sólo por gobernantes sino por grupos criminales que convierten a la población en rehén de sus batallas por el poder. El miedo a que les estalle una bomba, el miedo a ser secuestrados o lastimados de alguna manera provocan aislamiento y encierro.

Incluso naciones que se definen como "libres", sabiendo que sería imposible controlar la voluntad de millones de personas, recurren a la creación de miedos para mantenerlos acotados. Le aseguran a su pueblo que cuenta con libertad de viajar a donde quiera, pero al mismo tiempo le advierten de los peligros a los que se expone al visitar tal o cual país lleno de fanáticos, comunistas o terroristas. Aparte, les dicen que pueden adquirir todo tipo de enfermedades ya que el mundo entero está lleno de virus y parásitos. Se proclaman como países donde reina la libertad de pensamiento pero promueven sentimientos racistas y discriminatorios que generan odios y divisiones entre sus ciudadanos con tal de que no se articulen acciones colectivas en contra de

ESCRIBIENDO LA NUEVA HISTORIA

los intereses creados. Los indios, los negros, los judíos, los árabes, los inmigrantes, el cigarro, el sida, el virus de la influenza H1N1 y los matrimonios entre homosexuales representan los enemigos a vencer y de los cuales, los gobernantes modelo, los tienen que "defender".

Ante el riesgo de perder la vida, la gente permanece confinada en el interior de sus hogares. Si nunca salimos de nuestro medio ambiente no nos vamos a enterar de que existen otros paisajes, otros olores, otros sabores, otras formas de bailar, de amar y de celebrar la vida y la muerte. Hay otras formas de ver el mundo. Otras formas de cultivar la tierra y de distribuir los bienes que ella generosamente nos prodiga. Definitivamente hay otras formas de cocinar, de sazonar, de adobar, de macerar los alimentos. Cada palabra que escuchamos, cada imagen que vemos, cada actividad que realizamos nos enriquece. Aprendemos conforme a lo que vemos, a lo que sentimos, a lo que hacemos. Se nos puede enseñar a odiar o a amar. A valorar las manifestaciones culturales de todo el mundo o a ridiculizarlas. A hacer valer los derechos humanos o a pisotearlos. A cuidar la tierra como un ser vivo o a contaminarla.

Lamentablemente los niños de nuestra época aprenden a través del miedo. Desde una edad temprana saben que los pueden secuestrar, asesinar, explotar, utilizar como vendedores de drogas. Que se tienen que cuidar de todo y de todos. Heredan de nosotros tal cantidad de miedos que a veces me pregunto: ¿cómo van a vivir las próximas generaciones si no les mostramos cuál es el camino para superar el temor?

Una manera efectiva sería por medio del ejemplo. Hay que hablarles de la forma en que nosotros mismos hemos lidiado con ese problema. Hablemos de nuestros miedos sin el menor recelo. Confrontémoslos. Estudiémoslos. Mostrémoslos al mundo para dejar abierta la posibilidad del cambio.

Empecemos por escribir sobre nuestro miedo principal.

1. ¿De qué manera se manifiesta ese miedo en tu vida?

2. ¿Es un miedo que ha estado presente en tu familia por generaciones?
3. ¿Es un miedo adquirido por un evento traumático?
4. ¿Qué efectos tiene sobre tu persona cuando aparece? ¿Te paraliza?, ¿te impulsa a huir?, ¿te causa ataques de pánico?, ¿te vence?
5. ¿Te consideras incapaz de controlarlo?
6. ¿Has recibido ayuda psicológica o psiquiátrica para tratar de superarlo?

Escriban con detalle todo lo que sepan sobre su miedo principal. Al hacerlo van a descubrir que el que creían que era su miedo verdadero no era sino una pantalla que ocultaba en su interior un miedo mayor, como sucede con las *matryoshkas* rusas que guardan una muñequita dentro de otra y de otra. Así, los miedos se esconden los unos dentro de los otros para dejar oculto en el rincón más profundo el pensamiento que los mantiene con vida. No hay emoción que no vaya acompañada de un pensamiento ni pensamiento que exista sin una emoción correspondiente. Por eso es tan importante descubrir cuál es el pensamiento que lo sostiene. Si logramos dar con él y luego modificarlo, el miedo automáticamente se desvanecerá.

Por ejemplo, una actriz madura tiene miedo a la vejez. ¿Por qué? Porque sabe que la mayoría de los productores, sobre todo los de telenovelas, buscan la juventud y la belleza física antes que el talento. En apariencia, su miedo es un miedo justificado. Si envejece, lo más probable es que ya no le den papeles importantes en las telenovelas. Su convicción de que lo único que vale de su persona es su presencia física la llevará a hacerse todo tipo de cirugías plásticas en un esfuerzo por ofrecer un aspecto de juventud que le reditúe en una oferta de trabajo. Cuando lo que está en juego no es el número de arrugas que tiene en el rostro sino su capacidad actoral. Misma que puede verse fuertemente afectada por el botox. Sin embargo, el miedo que esconde atrás del miedo a la vejez es el de que la gente ya no la vea, que la gente ya no la admire, que la gente ya no la quiera. El deterioro de su persona la condenaría al olvido. Para esa actriz la vejez le significa la pérdida de algo que va más allá de su aspecto físico. Significa la muerte.

¿Y cómo no sentir miedo a la muerte en un mundo que parece estar diseñado para que ésta suceda inevitablemente? Un mundo donde reina la ley de la selva. Donde vemos que para que una cosa viva, otra tiene que morir. Que el pez grande se come al chico. Que sólo el más fuerte sobrevive. Que nuestra vida depende de la fuerza con la que enfrentemos virus, bacterias y enfermedades degenerativas.

Dice Darwin que "no es la especie más fuerte ni la más inteligente la que sobrevive sino aquella que está mejor dispuesta al cambio". Cambiar nuestra manera de pensar es el paso a dar.

Si analizamos bien, más allá del ciclo vida-muerte hay una energía que no muere, que no tiene principio ni fin, que sólo se transforma. Somos todo aquello que permanece. Tomar conciencia de este hecho nos podría ayudar a superar el miedo a la muerte. Y con alivio descubriríamos que somos algo más que un cuerpo que tiene fecha de caducidad. Si los pensamientos son energía en movimiento; si las emociones son energía en movimiento; si nuestro cuerpo físico es tierra, aire, fuego y agua que camina, que se mueve y se transforma constantemente es falso que estemos separados y condenados a la muerte.

Permanecemos en el aire que respiramos, en la memoria del agua, en el fuego purificador, en el polvo de la tierra. Renacemos en cada flor, en cada cebolla, en cada semilla, en el sonido de las fuentes, en el murmullo de los ríos, en la emoción del primer beso, en el primer latido de un ser en gestación, en la danza, en el viento.

Si pudiéramos recordarlo, sabríamos que la tierra es de todos. Que el agua es de todos, que el aire es de todos. Que compartimos un destino común. Y que inevitablemente permaneceremos en el Universo de una u otra forma. El miedo a dejar de estar presentes en el tiempo es absurdo, pues paradójicamente cuando uno no es un cuerpo al que alguien más etiquetó o definió, es cuando recupera su verdadera identidad y su libertad. Pero ¿cómo lograrlo?, ¿cómo dejar de ser lo que no se quiere?, ¿cómo se viaja del punto donde me encuentro a donde quiero ir?

Descubriendo quién es uno, qué resortes lo mueven y qué barreras le cierran el paso.

SEXTA SESIÓN

¿Quién es uno?

Creo existir
cuando veo mi nombre escrito.
Luego, me olvido de la escritura
y sin embargo existo.
La existencia es mi último pensamiento,
aunque aun de eso me olvido.
Busco la ignorancia iluminada
como remedio
porque en ella pierdo concepto,
mente y pensamiento.
Surge entonces la Realidad
del saberme iluminado en
total ignorancia.
Todo es nuevo
aun mi nombre escrito.

Poema: *Nombre escrito* de Jacobo Grinberg-Zylberbaum, Instituto Nacional para el Estudio de la Conciencia, 1991.

Es increíble el tiempo que ha pasado desde que se imprimió en el Templo de Delfos la recomendación del dios Apolo: "Conócete a ti mismo". Adquirir dicho conocimiento es una de las cosas que más trabajo nos cuesta. Para empezar, consideramos que somos un cuerpo constituido por materia. ¿Y dónde quedan las emociones, los pensamientos, la memoria, el amor? En sí no son materia, y sin embargo, no sólo existen sino que actúan sobre la materia misma. La ciencia moderna nos dice que así como se mueve la mente, se mueve la materia.

Lo que vemos, lo que pensamos, lo que recordamos, lo que soñamos, se convierte en realidad. Y así, somos lo que vemos, somos lo que pensamos, somos lo que recordamos, somos lo que comunicamos, somos lo que amamos. Y cuando digo somos me refiero al mundo entero. Nunca pensamos solos ni soñamos solos.

No hay nada que experimentemos que no sea compartido a nivel cuántico por todos los demás.

Jacobo Grinberg-Zylberbaum, destacado neurofisiólogo de la UNAM, realizó entre 1993 y 1994 estudios de laboratorio encaminados a demostrar que la conciencia no es un fenómeno local. Sucede fuera del cuerpo y en relación con el todo. Para comprobarlo, primero invitó a dos personas a meditar juntas de manera que establecieran comunicación atemporal y silenciosa entre ellos. Se ha demostrado que la meditación facilita la emisión de ondas cerebrales más coherentes (o continuas) y produce una mejor sincronización mental. Luego le pidió a uno de los voluntarios que se introdujera en una cabina Faraday. Este tipo de jaula o caja metálica fue diseñada por Michael Faraday en 1836 con el objeto de eliminar los efectos de los campos eléctricos estáticos, ya que en su interior el campo eléctrico es nulo. El principio de funcionamiento de esta caja actualmente es utilizado, entre otras cosas, para proteger a los aviones de los rayos durante el vuelo. En el interior de la jaula no es posible la circulación de ondas eléctricas. Las cargas eléctricas no pueden atravesarla. Por tanto, el cerebro de la persona que estaba instalada dentro de la jaula no podía recibir ningún estímulo del mundo exterior. A cada uno de los dos participantes del experimento los conectaron a un electroencefalógrafo que medía su actividad cerebral. En determinado momento, a uno de los sujetos, al que jugaba el papel del emisor, le lanzaron flashes de luz y tanto su cerebro como la máquina los registraron. Su compañero que se encontraba en la cámara de junto también registró el estímulo a pesar de que era imposible la transmisión de información entre el uno y el otro. Después de Jacobo Grinberg, el neuropsiquiatra Peter Fenwick, en Inglaterra repitió este experimento, con procedimientos ligeramente diferentes pero obtuvo los mismos resultados. Más tarde, Leanna Standish, en la Universidad de Bastyr de Seattle, verificó lo mismo que sus compañeros. Lo cual muestra que la transferencia de información de cerebro a cerebro se da sin ninguna conexión ni señal electromagnética de por medio. La no-localidad de la conciencia se da fuera de tiempo y espacio, y es independiente de la "separación" de los cuerpos.

Lo anterior significa que nuestro cerebro está capacitado para percibir una enorme cantidad de información de la que no estamos concientes. Y sería bueno preguntarnos si hay una diferencia entre vida consciente e inconsciente. ¿Somos una manifestación física de lo que sucede en el campo de lo invisible?, ¿de lo que no conocemos? ¿Somos una combinación conciente entre mente, espíritu y materia? ¿Cuántos actos de nuestra vida los realizamos de manera inconsciente? ¿Desde que estábamos en el vientre materno ya teníamos conciencia? Un ser en gestación que aún no tiene un cuerpo propiamente formado, ¿qué tanto percibe?, ¿qué longitud de onda escucha?, ¿con cuánta información nace? Por otro lado, si la conciencia no se experimenta localmente, ¿quién percibe su primer latido antes que nadie? ¿El corazón de su madre o el del Universo? ¿O ambos?

Curiosamente, a pesar de que la ciencia moderna ha introducido nuevos conceptos de lo que somos y nos ha demostrado lo ilusorio que puede ser considerar que somos nuestro cuerpo, lo seguimos aceptando como cierto.

No sólo apoyamos nuestros juicios sobre las personas que nos rodean y sobre lo que sucede en el mundo con base en nuestras percepciones que, por cierto, son limitadas, sino que confundimos lo que hacemos con lo que somos. En los talleres que he impartido, lo que generalmente la gente responde cuando les pregunto: "¿Tú quién eres?", es: "Soy ama de casa, ingeniero, maestra, doctor o licenciada". En otros casos se confunde la identidad con lo que uno posee y permitimos que el salario nos defina. "Soy rico, deudor, pobre, hombre de negocios, asalariado, miserable o millonario". Pero en verdad, ¿quiénes somos?, ¿quién es uno?, ¿lo que come?, ¿lo que piensa?, ¿lo que hace?, ¿lo que dice? Una manera de iniciar la búsqueda es respondiendo a lo siguiente:

1. ¿Qué te indigna?
2. ¿Qué te entristece?

3. ¿Qué te causa risa?
4. ¿Qué tipo de amigos frecuentas?
5. ¿Qué clase de conversación mantienes con ellos?
6. ¿Qué te provoca compasión?
7. ¿Cuáles son tus diversiones?
8. ¿Cuánto tiempo te dedicas a tí mismo?
9. ¿Cuánto tiempo eres capaz de permanecer en silencio?
10. ¿Disfrutas la soledad?
11. Intenta describir quién eres.

No somos una sola cosa única e irrepetible. Somos todo y todos. Por ejemplo, se dice que uno es lo que come. Para muchos de nosotros, incluso, la comida es un referente cultural y nacional, pero ¿qué pasa si de pronto nos vamos a vivir a China y nos alimentamos por cinco años con productos de esa tierra? ¿Nos convertimos en chinos? En nuestra sangre, en nuestras células, en nuestro cabellos, en nuestras uñas, en nuestro olor, van a estar presentes determinados compuestos químicos que adquirimos mediante una nutrición basada en la comida china, pero de ninguna manera podemos decir que el potasio o el magnesio o el hierro en nuestra sangre sean chinos, entonces, ¿qué es lo que me hace afirmar que soy lo que como? Un deseo de pertenencia. Una elección. Una lealtad. Un afecto por el terruño, por la madre. Si somos objetivos, la nacionalidad niega la universalidad.

Para aquellos que están teniendo dificultad en descubrir quiénes son les sugiero algo más. Vayamos de atrás para delante. En el capítulo anterior definieron en dónde iba a comenzar su historia y a dónde querían que terminara. Se puede decir que el final que definieron como su meta representa su deseo. Los deseos son ciertamente reveladores. Nos indican mucho de una persona. Por ejemplo, si una mujer quiere ponerse unos implantes exagerados en los senos, nos habla de que tal vez se considera un objeto sexual. Hay quien muere por ser estrella de cine o ser el millonario número uno o casarse con un príncipe. Hay quienes, por el contrario, quieren salvar especies animales o impedir la destrucción ecológica o salvar a niños de la calle. Atrás de cada uno de estos deseos personales hay una manera diferente de pensar. Según el tipo de pensamiento, se derivan las acciones subsecuentes. Les sugiero monitorear sus pensamientos con la conciencia de que ellos darán forma a la materia.

La materia de la que estamos conformados pasa por varios estados desde el nacimiento hasta la muerte. Lo cual nos coloca en una concepción del tiempo lineal y temporal. Temporalmente somos estrella o somos roca o somos flor o somos un cuerpo. Luego nos transformaremos en algo más. ¿Siguiendo las órdenes de quién? ¿Hay un plan universal de la creación o nosotros intervenimos en ella mediante la poderosa fuerza creativa de un pensamiento que no es otra cosa que energía en movimiento?

¿Qué tanto estamos conscientes de nuestros propios pensamientos?

¿Qué tanto estamos conscientes de los pensamientos que compartimos colectivamente?

¿Somos lo que repetimos y repetimos en un afán de no olvidar?

¿Qué tanto anhelamos ser alguien diferente? Si observamos, un gordo puede adelgazar y transformarse en un flaco. Un fumador puede dejar de fumar. Sin embargo, estos cambios no son permanentes. El gordo puede engordar de nuevo y el fumador puede volver a su adicción al cigarro. ¿Qué pasó?, ¡si ya se habían transformado! Pues no, no lo hicieron. Cambiaron momentáneamente sus hábitos pero no tocaron ni con el pétalo de una rosa al pensamiento que los impulsaba a comer o a fumar con ansiedad. Éste es un claro ejemplo de que no somos sólo un cuerpo, sino un cuerpo interconectado con una mente que envía información a cada una de nuestras células, las cuales responden a sus órdenes. El gordo que tanto quería adelgazar y volvió a engordar fue porque quizá nunca tuvo la menor intención de bajar de peso y este pensamiento oculto es el que interfirió al enviar órdenes contradictorias a un cuerpo que no supo cómo reaccionar.

Si no estamos conscientes de nuestros pensamientos individuales o colectivos, los podemos

descubrir analizando los efectos que ellos tienen en nuestro cuerpo. Uno es el reflejo de sus
propios pensamientos, como la sociedad en que
vivimos lo es de los pensamientos colectivos.

Los pensamientos son un reflejo, una imagen
que tenemos de nosotros mismos o del mundo,
pero una imagen que nosotros mismos hemos
fabricado. ¿De qué manera? Los invito a pasar
al siguiente capítulo.

SÉPTIMA SESIÓN

Todos somos cineastas

Estoy segura de que al momento de escribir su biografía los asaltó una infinidad de imágenes. Series de imágenes que desfilaron ante sus ojos con la misma claridad que el día en que tuvieron lugar. Imágenes en secuencia, en acción, así como en las películas, porque yo sostengo que todos los seres humanos somos cineastas. Día con día observamos la realidad que nos rodea, fijamos nuestra atención en aquellos eventos que consideramos relevantes y los capturamos con la mirada. Luego los editamos y los almacenamos en la memoria. Contamos con una filmoteca personal impresionante. Recordamos eventos con gran claridad y cada imagen de archivo con la que contamos reproduce en el presente los mismos efectos que cuando fue fotografiada. Sin embargo, las imágenes originales hace tiempo que desaparecieron y lo que nos hace proyectarlas nuevamente es el deseo de experimentar la misma emoción que sentimos la primera vez que las vimos.

Estamos convencidos de que registramos los hechos tal y como fueron, que la memoria contiene el pasado y que ese pasado es el que determina el presente y, por lo tanto, el presente no es otra cosa que la consecuencia directa de eventos pasados a pesar de que éstos ya no existen. Sin embargo, los últimos descubrimientos científicos hablan de que aquello que percibimos como la realidad más bien es una proyección. Vemos sólo las cosas en las que creemos. Vemos de acuerdo con nuestro mundo de creencias y aquello que miramos se convierte en la afirmación de lo que creemos ser, en otras palabras, vemos aquello que previamente proyectamos.

Un amigo cercano me contó que una tarde lluviosa en que salía de una tienda departamental, vio a un indigente dormido en el quicio de una puerta. Al indigente sólo lo cubría un pantalón y una camiseta deshilachada. Hacía bastante frío así que mi amigo, sin dudarlo, se quitó de encima la chamarra que llevaba puesta para cubrir con ella el cuerpo del indigente. Él vivía a sólo unas cuadras de ahí, así que no le importaba mojarse. A su regreso se podría dar un baño caliente y asunto arreglado. Pero cuál sería su sorpresa al llegar a su domicilio y descubrir que las llaves de su casa se habían quedado en la bolsa de la chamarra. Decidió regresar por ellas. Para entonces, estaba completamente mojado y con la camisa pegada al cuerpo. Se inclinó sobre el hombre que seguía durmiendo y comenzó a buscar sus llaves en las bolsas de la chamarra. De pronto sintió una mirada de reproche sobre la nuca. Volteó y se encontró con la dura mirada de un hombre que lo juzgaba y condenaba duramente. El aspecto de mi amigo no era del todo presentable. Su cabello escurría sobre su rostro y temblaba de frío. Se levantó y trató de explicarle al señor lo que estaba sucediendo pero el desconocido, al verlo ponerse de pie salió corriendo despavorido. De seguro, pensó: "Si este hombre es capaz de robar a un miserable con tal frialdad, ¡qué no será capaz de hacer!". Y convencido de lo que sus ojos habían visto, al llegar a su casa le debe de haber comentado a su esposa: "No me vas a creer lo que acabo de ver, un hombre robándole a un pobre teporocho, ¡ya no hay moral! ¿en qué mundo vivimos?".

Ese señor, a partir de una imagen, desarrolló su propia película. En ese momento y con esos datos, nadie podría convencerlo de que tal vez estaba equivocado. Él tomó una imagen del evento y la editó al lado de otras imágenes pertenecientes a su acervo personal en donde quedó demostrado que la injusticia y la falta de humanidad son las que reinan en el mundo.

Por eso es tan delicado juzgar. No siempre contamos con los datos necesarios para hacerlo. Dependiendo de los que vemos o dejamos de ver, nuestra opinión sobre los hechos puede cambiar radicalmente. Como en los jardines zen, que están diseñados para que nadie los pueda abarcar totalmente con la mirada. Lo que una persona observe dependerá de la posición en la que se encuentre ubicado. A veces será una roca, a veces un surco pero nadie podrá decir que ve lo mismo que su vecino o mucho menos que su visión sea la única.

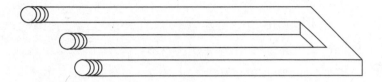

Podrían decirme, de acuerdo con su percepción ¿cuántas barras ven?, ¿tres? Pues no, lamento desilusionarlos. Son dos. Esta ilustración es un ejemplo fiel de que las ilusiones ópticas nos pueden convencer de algo que no existe. No podemos basar nuestro conocimiento de las cosas o de las personas en las imágenes que tengamos de ellas pues no siempre representan la verdad.

En el documental *A Film Unfinished*, del director Yael Hersonski, podemos ver escenas de otro documental de 1942 que los nazis nunca terminaron de filmar y que tenía la intención de justificar el exterminio de los judíos por medio de una película de propaganda. Para lo cual filmaron en el *ghetto* de Varsovia diversas escenas en las que presentaban a los judíos como un pueblo insensible y mezquino, capaz de poner en práctica rituales inhumanos como el de circuncidar a bebés en pésimas condiciones de salud y todo con la idea de que la gente, al ver esas imágenes, no se opusiera a la decisión de exterminarlos. El documental nos muestra la forma en que se produjo el filme. Los soldados elegían para participar como actores a judíos que no mostraran gran deterioro físico. Les prestaban vestuario lujoso y los filmaban comiendo en restaurantes elegantes para que la gente viera lo bien que vivían dentro del confinamiento. También aparecen escenas de un entierro lujoso donde todo era falso. La cámara nunca tomó las imágenes de la gente en completo estado de desnutrición ni las de los cadáveres que a diario aparecían tirados en las calles. Planeaban exhibir el documental al pueblo germano pero nunca lo terminaron. De haberlo proyectado, lo más probable es que la gente hubiera reaccionado como esperaban: apoyando sus planes de exterminio. El director Hersonski logra el efecto contrario al mostrar al público todas las escenas. Las que estaban destinadas a aparecer en la pantalla y las que no, donde queda clara la manera en que los nazis utilizaban imágenes con fines de propaganda.

¡Nosotros qué podemos decir en tiempos actuales! Las televisoras apoyan campañas presidenciales y manipulan la información para favorecer a determinado candidato. No nos muestran la película completa para que nosotros saquemos nuestras propias conclusiones, sino que nos dejan ver sólo lo que les conviene a sus intereses. Ésa es la razón por la que los asesores de imagen son altamente cotizados, pues manejan el impacto que las imágenes pueden provocar en el público y diseñan campañas publicitarias basadas en ellas. Como si las imágenes fueran más importantes que las personas.

Ahora bien, ante el reto de escribir su historia personal, necesariamente van a tener que recurrir a las imágenes que ustedes mismos filmaron y almacenaron. Las cuales representan el concepto que tienen de su persona o de la sociedad en la que viven. Por lo tanto, la pregunta no es cómo voy a contar mi historia personal sino qué historia quiero contar, qué clase de mundo veo, qué es lo que quiero recrear, qué es lo que quiero proyectar y para qué.

Cuando compartimos lo que vemos, cuando repetimos una historia, cuando narramos lo sucedido, de alguna manera estamos perpetuando algo en la memoria colectiva. Ese algo va adquiriendo realidad en la medida en que lo repetimos, a pesar de que se trate de una realidad ilusoria. Nuestro mismo cuerpo, aparentemente tan real y sólido, está formado de células, de átomos, de partículas infinitesimales, de destellos cuánticos que se mueven a una velocidad miles de veces más rápida de lo que nuestros ojos pueden registrar o capturar, y a pesar de ello lo percibimos como un cuerpo compacto que mantiene forma y volumen constante. ¡La vida se parece tanto a las películas! Una película consiste en veinticuatro fotogramas fijos que destellan en un segundo, con veinticuatro espacios de oscuridad que aparecen mientras cada uno de los fotogramas es retirado y uno nuevo es colocado en su lugar, pero como nuestro cerebro no puede percibir cuarenta y ocho hechos de movimiento y reposo en un segundo, nos engañan haciéndonos ver un movimiento continuo donde no lo hay.

Todos los seres humanos estamos formados de pequeñas partículas de luz pulsante, vibrante, danzante, hasta que alguien nos mira y nos congela en el tiempo por medio de su percepción. La imagen de lo que alguien piensa que somos permanece en sus mentes a pesar de que seguimos siendo partículas de luz en movimiento. Lo que éramos hace unos instantes ya cambió, pero como nadie se percata de ello, nos siguen considerando como una foto fija que se guarda en un archivo. El problema no es sólo el carácter ilusorio de la foto que nos toman. No. El problema está en la cantidad de fotos que nosotros almacenamos en nuestra memoria y que no nos representan. La gran mayoría de la gente atesora imágenes que lo devalúan. ¿Por qué, a pesar de que nos lastima, proyectamos esa imagen una y otra vez?, ¿cuál es la finalidad de inmortalizarla?

En los años que llevo participando en la maravillosa experiencia de asesorar a guionistas, me he encontrado constantemente con guiones cinematográficos que intentan perpetuar historias aterradoras. Si miramos la cartelera cinematográfica, nos vamos a encontrar con que la mayoría de las películas afirma que los seres humanos somos vulnerables, que las causas justas nunca triunfan, que el amor no existe, que la muerte y el dolor son nuestro destino, que en el mundo no hay nadie en quien podamos confiar, que la traición está a la vuelta de la esquina y la tragedia a punto de tocar en nuestra puerta. ¿Les suena familiar? ¿Será porque las películas son un reflejo de nuestra realidad o porque nuestra vida reproduce lo que ve en las películas? ¿Quién es el verdadero creador? ¿El verdadero cineasta? Díganme, ¡para despedirlo! ¡Qué falta de imaginación!

Lo que es innegable es que hay una correspondencia directa entre lo que vemos, lo que pensamos, lo que sentimos y lo que somos.

Con base en ello, por favor responde:

1. ¿Qué es lo primero que haces cuando despiertas?
2. ¿Enciendes el televisor para ver las noticias del día anterior?
3. ¿Buscas mirarte en el espejo para registrar el deterioro físico que sufriste durante la noche?
4. ¿Te subes a la báscula y te arrepientes de haber cenado tanto?
5. ¿Lees el periódico e inmediatamente después te deprimes?
6. ¿Buscas a quién señalar como responsable de lo que pasa en el mundo, para volcar en él toda tu rabia?
7. ¿En qué te conviertes cuando miras culpables a tu alrededor?
8. ¿Qué emoción te produce verte inmerso en un mundo donde imperan la muerte y la violencia?

El resultado que hayamos obtenido en el anterior ejercicio es un claro ejemplo de la manera en que obtenemos nuestra dosis diaria de dolor.

Las actividades que realizamos nos permiten experimentar una misma emoción una y otra vez, lo cual podría ser un indicativo de nuestras adicciones emocionales.

OCTAVA SESIÓN

Adicciones emocionales

Las adicciones emocionales representan otro de los obstáculos que tenemos que superar en el camino de nuestra transformación. Hemos venido repitiendo hasta el cansancio que para escribir una nueva historia debemos suspender ciertas actividades. Hacerlo marcará la diferencia entre un antes y un después. Por ejemplo, los alcohólicos en recuperación, al salir de una clínica de rehabilitación, tienen que modificar sus hábitos. Cambiar de amistades si es necesario, pues de otra manera se exponen a una recaída.

Dejar a un lado las cosas a las que estamos acostumbrados es difícil. Representa un reto. Sobre todo porque al romper con una costumbre muy arraigada cancelamos de tajo la emoción que ésta nos producía y con ello dejamos a nuestro organismo sin el suministro de sustancias químicas que obtenía mediante la experimentación de determinada emoción.

Los jóvenes son un claro ejemplo de ello. Cada día contemplan más y más imágenes cargadas de violencia. En videojuegos, en películas, en series de televisión, en sus lugares de estudio, en los transportes públicos, en los estadios de futbol, ¡hasta en las fiestas a las que acuden! ¿Qué pasa con esto? Que se van volviendo adictos a las sustancias que su cuerpo secreta. Numerosos estudios han demostrado que los niveles de adrenalina, cortisol y serotonina se alteran significativamente cuando los seres humanos se exponen constantemente a situaciones de violencia extrema, como pueden ser los casos de violencia doméstica o los que sufren los habitantes de zonas de conflicto o en poblaciones dominadas por terroristas o narcotraficantes. La exposición continua y repetida ante situaciones de riesgo eleva la producción de adrenalina. Nuestro cuerpo normalmente parte de una base para su producción de adrenalina, pero cuando la supera durante un tiempo sostenido, el cuerpo ajusta su base de partida a un nivel más alto. En otras palabras, se vuelve adicto a esta sustancia química.

El aumento de producción de adrenalina se verá reflejado en una disminución de serotonina. La serotonina es la droga que nos informa de nuestro estado de bienestar y que impide que actuemos de forma impulsiva y agresiva. Cuando los niveles de serotonina bajan y los de adrenalina suben, no nos debe causar extrañeza que vayan en aumento las reacciones violentas. O que busquemos situaciones intrascendentes para volcar en ellas nuestra rabia. O que queramos conservar en la memoria momentos en los que nos vimos humillados, denigrados, o atemorizados.

Generalmente uno elige fijar su atención en imágenes que se ajustan a estas necesidades emocionales. Por ejemplo, un ecologista va caminando por el parque y se le presentan dos opciones: acercarse a escuchar a un hombre que está tocando el violín y relajarse, o vigilar que un hombre que pasea a su perro recoja adecuadamente el excremento de su mascota. Su interés en cuidar el medio ambiente tal vez lo haga inclinarse por vigilar al dueño del perro. Si ese día su nivel de adrenalina está muy alto y para colmo el perro se hace caca y el dueño no la levanta, lo más probable es que el ecologista enfurezca y le llame la atención al dueño del perro airadamente. Hasta podrá pasar del reclamo verbal a los golpes sin el menor reparo.

No sólo eso, sino que guardará en su mente la "película" del perrito cagón y su irresponsable dueño en la sección de "el mundo es una mierda". Así estará listo para sentirse terriblemente indignado cada vez que lo requiera.

Otro caso podría ser el de una mujer que se encuentra muy apesadumbrada pero quiere sentirse aún peor y se mete al fondo de sus recuerdos con el firme propósito de encontrar material que la haga sentirse más miserable. Tiene a su disposición infinidad de películas depresivas, pues ha pasado su vida acumulándolas. Tiene la del día en que encontró a su novio besando a otra. La del día que una niña le robó su torta en la escuela y la maestra no la defendió. La del día en que la manosearon en el metro y aparte de todo le robaron su monedero, entre muchas otras. Si en ese momento llega su novio con una caja de chocolates para obsequiarle, ella los recibirá con desgano. Si su novio le pregunta: "¿Qué tienes?". Ella dirá: "Es que estoy triste". "¿Y por qué?". "Porque no se me olvida el día que me dijiste que era una amargada". La discusión que se derive después de esta respuesta quizá la haga perder a su pareja, pero a cambio tendrá a su disposición una nueva película para proyectar en los momentos en que más deprimida se sienta. Podría haber recibido los chocolates, agradecerlos con un beso y pasar una tarde memorable en compañía de su novio, pero prefirió revivir imágenes del pasado.

Todos coleccionamos imágenes que nos lastiman. La buena noticia es que todos podemos editarlas nuevamente. Todos ustedes pueden reordenar las imágenes que guardan en sus recuerdos de manera que les generen emociones diferentes. La repetición de historias de impotencia y de sometimiento tiene que ver con la continuidad que le damos a nuestros pensamientos y emociones.

1. ¿Qué imagen, de las que guardas en la memoria, te causa más dolor?
2. ¿Qué emoción te genera?
3. ¿Cuáles imágenes te causan vergüenza?
4. ¿Con cuáles te sientes humillado?
5. ¿Cuáles te hacen sentir menospreciado?
6. ¿Alguna vez te torturaron?
7. ¿Alguna vez te violaron?
8. ¿En tu familia algún ser querido murió con violencia?
9. ¿Has imaginado a detalle el dolor que experimentó?
10. ¿Has sido testigo de una masacre?
11. ¿Has sobrevivido a un genocidio?

Ahora responde: ¿cuáles de estas imágenes quieres eliminar y cuáles quieres conservar a toda costa?

Habrá quien trate de defender imágenes bajo el argumento —muy valido, por cierto— de que no hay que olvidar lo sucedido. Que no hay que olvidar las masacres ni los genocidios ni las muertes, pues son memoria histórica.

La intención de este manual de ninguna manera tiene que ver con condonar o pasar por alto episodios vergonzosos que en el transcurso de la historia se han cometido en contra de la población civil. Los responsables de esos actos por supuesto que deben cumplir con su condena. Y nosotros tenemos la obligación de impedir que se repitan. Lo que pretendemos cuando hablamos de reeditar nuestra historia personal nada tiene que ver con eximir a nadie de sus errores ni borrar de la memoria todo aquello que nos lastimó profundamente, sino evitar que dichos acontecimientos sigan determinando nuestro presente. Si alguien nos abandonó, no quiere decir que eternamente debamos ser catalogados como los "abandonados". Mantener esa "etiqueta" en el cuello nos quita libertad para ser lo que queramos ser. La idea de este manual es proporcionarles las herramientas necesarias para que puedan liberar la parte de su energía que se quedó atrapada en el pasado y la puedan traer de vuelta al presente para luego proyectarla hacia el futuro con fuerza renovada, sin cadenas, sin etiquetas, sin anclas.

Por un momento cierren sus ojos y rememoren el momento en que recibieron una gran humillación. ¿Dónde se localiza la emoción que les despierta recordarlo? Estoy segura de que a la altura del corazón. Repitan el ejercicio reviviendo un momento en que hayan experimentado un intenso amor. ¿Dónde se localizó esa emoción? Nuevamente será a la altura del corazón. Con la diferencia de que una emoción nos oprime y la otra nos expande. Diversos estudios muestran que el primer órgano que recibe el impacto de la depresión es el corazón. Late con menos fuerza y en consecuencia la sangre que envía al cerebro disminuye. En cambio cuando uno está enamorado todo fluye. El corazón late con más fuerza. Las mejillas toman color. Los ojos brillan. Todo el cuerpo se relaja. La diferencia de percepción entre una persona deprimida y una enamorada es totalmente diferente. Por eso en estos tiempos críticos en que tanto requerimos analizar y tomar decisiones fundamentales, no podemos darnos el lujo de estar deprimidos. Necesitamos que la sangre llegue con fuerza a nuestro cerebro.

No tengo que recordarles lo que sucede cuando ese órgano se queda sin suministro de sangre. De ahí que resulte tan importante rescatarnos unos a otros. Si nos despojamos de nuestra condición de víctimas, podremos recobrar un nuevo rostro, nuestro verdadero rostro, el que puede ser un espejo para que los demás descubran que somos algo más que un cuerpo dolido, lastimado, torturado, ofendido.

Si logramos editar las imágenes de nuestra memoria para que en vez de afirmarnos dentro de una posición debilitada nos coloquen en una de fortaleza, observar esa nueva imagen distinta nos producirá una nueva emoción y esa emoción nos permitirá analizar todo aquello que obstaculiza nuestro desarrollo para así poder enfrentar el presente de manera adecuada.

Hace unos meses tuve la oportunidad de estar presente en una asamblea de los indignados de Wall Street. No contaban con micrófono y para que la gente que se encontraba lejos se enterara de los que los oradores estaban diciendo recurrieron a una técnica de repetición. Cada frase que pronunciaba el orador en turno, era repetida por los asistentes en voz alta y de adentro del círculo hacia fuera. Como si de un eco poderoso se tratara. Y así no importaba qué tan lejos se encontrara uno, escuchaba todo claramente. Eso me hizo reflexionar sobre los mensajes que emitimos y que a fuerza de repetición se hacen realidad. ¿Qué quiero que otros escuchen de mí? ¿Qué quiero que recuerden de mí? ¿Qué quiero que conozcan de mí? ¿El horror que viví o el amor que me habita?

Una vez estaba tratando de ayudar a un amigo muy querido a escribir su nueva historia. Él había sido abusado y maltratado en su niñez. Vivía muy enojado y constantemente caía en estados depresivos. Como parte del proceso de transformación le pedí que me narrara algún momento en que hubiera experimentado felicidad. La intención era reafirmar esa emoción en vez de la tristeza profunda, y nunca pudo describir un solo momento ya no digamos de felicidad, sino de paz y tranquilidad. ¿Qué hacer en esos casos? Recurrir a la imaginación. Si no tienen a la mano imágenes que los engrandezcan, imagínenlas. Si su padre nunca los reconoció, si nunca les dio su nombre y han vivido con el estigma del hijo bastardo, imaginen que su padre los recibe al momento de nacer, que los abraza, que los mira con orgullo. Algunos dirán: "No, ese padre no se merece que lo reivindiquemos". No, no lo van a hacer por él. Lo van a hacer por ustedes mismos. Lo que tienen que tener claro es que la visión del observador determina lo observado. Sea real o no. Haya sucedido o no. Y lo que vemos nos conecta con una emoción que nos puede sanar o nos puede dañar. Si quieren perpetuarse en el papel del bastardo es su decisión personal pero cuentan con la capacidad para imaginar un papel mucho mejor. Y esta nueva identidad les generará nuevas emociones, nuevos pensamientos y nuevas formas de vida, mucho más sanas. Al imaginar creamos una nueva realidad. Creer es crear. Aunque no lo crean se puede imaginar y crear un mundo dichoso.

En la séptima sesión hablamos de que el ojo humano percibe veinticuatro fotogramas por segundo. Nuestro cerebro capta imágenes intermitentes que nos dejan la sensación de transcurrir en un tiempo continuo pero entre uno y otro cuadro, entre una y otra imagen perceptible, siempre hay un instante imperceptible. Ése es el que se utiliza en el campo de la publicidad para enviar mensajes subliminales. Nuestros ojos no ven esas imágenes pero quedan registradas en el campo de información al que todos estamos conectados. Es información que recibe nuestro otro yo. El ser energético, no el físico. ¡Imaginemos lo que sucede en ese tiempo que nuestros ojos no perciben! ¿Qué pasa ahí? ¿Quién habita esa realidad paralela?

En el campo de la física, existe una propiedad conocida como la dualidad de la materia. Una partícula es a la vez corpuscular (cuerpo) y ondulatoria (energía). Somos cuerpo y energía que actúan coordinadamente. El fenómeno del desdoblamiento del tiempo ha sido demostrado dentro de la física cuántica.

¿Y esto qué tiene que ver con el curso de dramaturgia personal? Mucho. Si en determinado

momento nuestro cuerpo físico sufrió una pérdida
o una agresión, eso no quiere decir que su cuerpo
energético haya quedado dañado de igual manera.
Éste permaneció intacto en ese tiempo que nuestros ojos no lo percibieron. ¿Quiénes éramos antes de que nos golpearan? ¿Antes de casarnos con
la pareja inadecuada? ¿Antes de que traicionaran
nuestra fe en el amor? ¡El mismo que ahora, pero nos pasa desapercibido porque asumimos una
identidad que lo niega! En otras palabras, el ser
que ustedes eran antes del evento traumático en
sus vidas no muere. Sigue existiendo entre pulsación y pulsación, entre destello y destello, imperceptible ante nuestros ojos, pero luminosamente
vivo. Se puede decir que existen dos posibilidades
de percibir a una persona, en su carácter de víctima o en el de luz intermitente, libre, que palpita
al ritmo del cosmos. Esa luz puede convertirse en
lo que sea en el eterno ahora y cuando logra un
cambio de inmediato se lo comunica a su cuerpo
físico para que actúe en consecuencia.

Lo mismo sucede con nuestro país. Hay un
México visible y uno invisible. El que escapa a

nuestra vista es habitado por un espíritu grandioso, generoso, luminoso, poderoso, amoroso. En ese país no hay impunidad ni corrupción ni descomposición social ni discriminación ni violencia ni hambre. El espíritu ahí está, intacto, intocable, esperando que lo hagamos realidad. ¿Y cómo? Con acciones que provengan de una visión renovada. ¿Y cómo se adquiere? Viendo todo aquello que antes nadie nos había mostrado: ¡que somos luz!

¿Pero cómo verla si nuestro cuerpo físico sigue enganchado con una imagen del pasado? Desenchufándonos de esa conexión y estableciendo una nueva sintonía. Nuestro cuerpo energético está programado para hacerlo. Es capaz de buscar en el campo infinito de posibilidades una vibración, una pulsación que pueda ayudar a nuestro cuerpo físico a liberarse del trauma, pero requiere de nuestra ayuda. Nosotros podemos cooperar con él pasando revista a las conexiones viejas que tenemos establecidas con ciertas imágenes traumáticas, para quedarnos sólo con aquellas que son importantes y borrar las ineficientes.

Ése básicamente es el ejercicio que les sugerí y que consiste en editar las imágenes que los han marcado, negativamente hablando, por otras que les reinstauren su valía. Este paso no es tan fácil de lograr de manera consciente, ustedes ya lo han de haber comprobado, pero les informo que contamos con otra herramienta muy efectiva para reordenar conexiones: ¡el sueño!

Generalmente, el intercambio de información entre el cuerpo físico y el energético se logra durante el sueño. Francis Crick, científico que se hizo acreedor al Premio Nobel por su descubrimiento de la estructura molecular del ADN, en el año de 1983 lanzó, junto con Graeme Mitchison, uno de sus colegas, una teoría controversial respecto a los sueños. Este par de científicos sostiene que soñamos para olvidar. A lo que ellos se refieren es que el cerebro es como una máquina que establece patrones de conexión. En situaciones normales, el cerebro recibe información, la procesa y la analiza antes de dar una respuesta. Este mecanismo se altera durante un evento traumático pues nos vemos obligados a tomar una acción inmediata: enfrentar o huir. Sólo hay tiempo para eso. Entonces, el cerebro reacciona de forma instintiva, pasando directamente a la acción y dejando para más tarde el análisis de los hechos. Debido a ello, hay cosas que sucedieron que no recordamos. Como si nunca las hubiéramos registrado y sucede que de pronto, un olor, un sabor o un sonido nos remiten directamente al pasado y recordamos todo con claridad.

A todos los que manejan computadoras les debe haber sucedido alguna vez que su aparato "se pasma", no puede recibir ni enviar información. Eso mismo es lo que sucede cuando enfrentamos un evento traumático. "Nos pasmamos" y permanecemos enganchados en un tiempo pasado. La información que teníamos en la memoria, o en el caso de las computadoras, en el disco duro, ahí está, pero no tenemos acceso a ella. Lo cual nos hace establecer conexiones erróneas y repetir conexiones equivocadas, de manera obsesiva. Por eso es necesario la liberación, salir de la sintonía del evento traumático. En otras palabras, reprogramar nuestro centro de emociones -pensamiento-memoria.

El movimiento que hacen nuestros ojos cuando sueñan, girando rápidamente, pareciera que es para visualizar esa nueva información. Como lo hace una antena parabólica que al cambiar de posición sintoniza diferentes señales satelitales.

Si lo que creemos que somos en la actualidad tuvo que ver con el pasado, lo que seremos en el futuro tendría que ver con lo que vemos, con lo que hacemos, con lo que sentimos y con lo que pensamos en el presente, ¿no? Y ¿qué diferencia habría entre el pasado y el futuro si seguimos pensando, sintiendo y actuando de la misma manera? ¡Soñemos! ¡Definitivamente soñemos!

Durante el sueño uno realiza conexiones de imágenes de manera aleatoria que mientras soñamos parecen ser totalmente reales. Algunas nos pueden provocar risa, otras nos pueden aterrorizar, algunas otras nos resultarán totalmente descabelladas, pero no dudamos de su autenticidad. Es hasta que despertamos que descubrimos con alivio que no eran más que una ilusión. Sin embargo, por ilusorias que parezcan, las imágenes que vemos en sueños al vincularse unas con otras van creando una nueva realidad. El cambio del mundo comienza en la mente.

¡Soñemos! Hacerlo es indispensable para establecer conexiones más coherentes. Hagámoslo despiertos o dormidos. De día o de noche, pero soñemos. Las palabras, los sonidos, las imágenes que vengan a nuestra mente mientras soñamos nos pueden llevar al establecimiento de nuevas conexiones que, a su vez, nos permitan sintonizar con otras emociones. Cambiar nuestro estado emocional nos proporciona la oportunidad de contemplar nuevas posibilidades, de sintonizar información que resulte más conveniente para solucionar los problemas que tenemos que enfrentar en el presente.

Cuando nos quedamos enganchados con una imagen o un recuerdo será imposible establecer nuevas conexiones. Por ejemplo, si A + B = C y la letra "C" representa el evento que no queremos olvidar, va a ser inútil que recibamos nueva información, que el resultado siempre va a ser el mismo. Puede ser Z + J = C o puede tratarse de N + P = C. Nuestro cerebro, de manera obsesiva, conectará el evento traumático con el que permanece sintonizado y dirá que la suma de los dos factores es "C". Esta repetición continua tendrá efectos nocivos en nuestro organismo y en nuestro comportamiento. Cuando uno está deprimido, el corazón se contrae, deja de bombear sangre adecuadamente a nuestro cerebro. Nuestro cerebro requiere de una buena irrigación sanguínea para funcionar correctamente. Las importantes decisiones que tenemos que tomar actualmente en el mundo requieren que nuestra mente establezca buenas conexiones.

Busquemos nuevas posibilidades, nuevas sintonías. Soñemos con ser mejores personas que viven en un mundo mejor. Cada imagen que veamos nos provocará una emoción-pensamiento. Y cada uno de ellos se reflejará en la comunidad. Cada elección que hacemos individual o colectivamente tengan por seguro que se materializará a corto o a largo plazo.

Los procesos electorales son una muestra de ello. Por medio de las elecciones presidenciales cada seis años definimos nuestros sueños juntos. Es lamentable que muchas veces el miedo y las necesidades materiales son las que votan, pero no nosotros. ¿Qué respeto nos van a tener los gobernantes a los que vendimos nuestro voto por una limosna? Las personas que lo hicieron, ¿en verdad creen que pueden obtener algo digno a cambio? ¿No se dan cuenta de que el miedo y las necesidades económicas que los empujaron a votar por un partido corrupto, represor y asesino fueron provocadas por ese mismo partido para así poder tenerlos en sus manos? Ellos, los poderosos de siempre, saben que en política, mientras más ayuda necesita alguien, más concesiones tiene que hacer para obtenerla y se aprovechan de la miseria para reafirmarse en el poder. De esa manera es como se rompe la voluntad de las personas. Convirtiéndolas en mercancía que se compra y que se vende. Sólo individuos profundamente enfermos —emocionalmente hablando— pueden votar por partidos políticos que los desprecian y no van a hacer otra cosa que pisotear sus derechos. ¿Qué pensamiento tan equivocado nos hace votar por los menos indicados? El mismo que nos hace buscar a una pareja que nos va a lastimar, a anular o a dominar. El mismo que nos hace repetir historias dolorosas.

Y básicamente tiene que ver con la idea de separación. Cualquier decisión que no busque el beneficio colectivo es errónea. Nadie puede estar bien si su vecino está mal. Como cualquier "ayuda" que se nos brinde esperando algo a cambio no hace sino afirmar nuestra separación y nuestra inferioridad, pues hay "alguien" superior a nosotros que tiene el poder de solucionar nuestros problemas y ese alguien en dado caso puede llegar a destruirnos si nos negamos a obedecerlo. Cuando es obvio que ese "alguien" obtuvo su poder a través de nuestro voto, de nuestra confianza, de nuestra cooperación. En un mundo interconectado no hay nada que pueda existir sin nuestra cooperación ni nada puede morir sin nuestra ayuda. No hay mal, por poderoso que parezca, que exista por sí mismo. Nadie piensa solo, ni sufre solo ni respira solo ni sueña solo.

Lo que nosotros no queremos ver, lo que nos negamos a encontrar, lo podemos obtener mediante los sueños. Soñemos dormidos y despiertos. Soñemos con nuevas posibilidades. Soñemos un sueño feliz. ¡Salgamos de la pesadilla!

NOVENA SESIÓN

Voluntad

La voluntad surge cuando convergen memoria y deseo. Sólo cuando uno sabe quién es y qué es lo que quiere puede moverse en el sentido correcto.

Con frecuencia nos encontramos con gente que equivocadamente piensa que el motor que pone a funcionar la voluntad es el dinero y por eso desde que abre los ojos no hace otra cosa que buscar la manera de obtenerlo para así poder garantizar su bienestar.

Responde al siguiente cuestionario:

1. Haz una lista de las cosas que necesitas para vivir.
2. ¿Cuáles de esas cosas sólo las puedes obtener con dinero?
3. Haz una lista de las cosas que te gustaría tener para ser feliz.

4. ¿Cuáles de esas cosas sólo las puedes obtener con dinero?

5. Haz una lista de cosas que aunque tengas dinero es imposible adquirir.

Si en verdad el dinero fuera una fuerza tan poderosa, cualquier millonario podría decidir a qué hora y qué día morir, y no es así. Hay una energía que obedece a un orden superior. El dinero no puede cambiar el tamaño del sol ni tampoco tiene control sobre la trayectoria de la Tierra. Los señores del dinero podrán imponer sus horarios de verano supuestamente para ahorrar energía —pero yo que trabajo muy temprano en la mañana soy testigo de que eso es una vil mentira pues necesito encender la luz más temprano y gasto la misma energía eléctrica que ahorro en la tarde—, podrán hacer sus negocios personales con los bienes de la nación, podrán declarar guerras contra el narcotráfico, acabar con la ecología y con la vida humana a su antojo, sí, pero no saben cuándo les toca morir. Pueden modificar, destruir, alterar, interrumpir, pero no pueden crear una vida humana. Podrán comprar voluntades ciudadanas, pero queda totalmente fuera de su alcance la voluntad del Universo.

La voluntad del Universo se manifiesta en cada amanecer, en cada anochecer. Es la fuerza que impulsa a una semilla de maíz a convertirse en mazorca o que anima a las mariposas monarca a cruzar miles de kilómetros para volver a estas tierras año con año o que conduce al agua de los ríos hasta el mar. Es una fuerza cósmica que ordena la vida en un Universo del que formamos parte.

El diccionario nos dice que la voluntad es la facultad de decidir y ordenar la propia conducta. Se manifiesta como un acto de elección, como una intención, como un deseo, como un consentimiento. Sí, pero tal y como yo la entiendo, es un impulso energético que nos anima a actuar.

¿Qué tal anda su voluntad? Sin ella no van a poder confrontar su principal miedo. Pueden haber hecho muy bien el análisis de su personaje. Pueden haber escrito abundantemente sobre su pasado. Pueden haber liberado emociones negativas. Pero sin voluntad para enfrentar y vencer su miedo principal no van a llegar a su meta.

Les voy a pedir que redacten cinco escenas en secuencia en las que describan el tránsito o el camino que su personaje debe seguir para superar el miedo. Ésta es la gran oportunidad que le vamos a dar de superarlo. Por ejemplo, alguien que le teme a las alturas, durante la historia se va a ver forzada a escalar una montaña para salvar a un ser querido o para salvar su propia vida y al final ¡logrará vencer el miedo! La planeación de estas cinco secuencias no les va a costar trabajo. De seguro han visto infinidad de películas que utilizan ese mismo mecanismo. Lo único que tienen que imaginar, en su caso en particular es: ¿qué es lo que tendría que pasar para que su personaje dejara de experimentar miedo?, ¿qué situación extraordinaria tendría que suceder para ayudarlo? Por ejemplo, ¿qué tendría que pasar para que una mujer superara su aversión al agua?

Recurran al poder de la imaginación para encontrarle una solución a su miedo. El escritor del romanticismo, Samuel Taylor Coleridge, mencionó que ejercer la imaginación se parecía en mucho a la repetición del acto creativo de Dios. Einstein, por su lado, dijo que la imaginación es más importante que el conocimiento, ya que el conocimiento es limitado y la imaginación no.

La imaginación, al no tener límites, puede causar temor a los espíritus que han sido educados en un mundo de significados únicos. Es mucho más cómodo saber que una mesa es y será una mesa hasta el último día y punto, que saber que por medio de la imaginación se puede convertir en cualquier cosa. Los niños no tendrían problema para considerarla una nave espacial o una montaña. Claro que traspasar la funcionalidad de las palabras o los objetos puede ser realmente aterrorizador para mentes que viven oprimidas y convencidas de que no pueden franquear ciertos límites. Están tan acostumbradas a respetar las reglas y a vivir dentro de muros de contención que les daría temor que no hubiera nada que los contuviera. Preferirían que se les dijera: "Hasta aquí llega tu imaginación. De aquí para allá ya no te puedes aventurar". Pero eso resulta imposible, ya que el amor, como la imaginación, es una energía que escapa de todo control. No entra en la bolsa de valores. Nadie la puede regular, ni vender ni comprar. Y en un mundo que se rige por las reglas del mercado esto es altamente atemorizante.

Estamos tan acostumbrados a pensar en términos mercantilistas, que muchas personas nunca utilizan su imaginación más que para hacer dinero y para mentir.

Según un sondeo publicado por el bufete de abogados neoyorquinos Labaton Sucharow, veinticuatro por ciento de los quinientos ejecutivos de finanzas de Wall Street en Nueva York y la City de Londres que fueron interrogados por ellos aceptaron que "son propensos a adoptar métodos deshonestos o ilegales" para triunfar en su trabajo profesional. Y el dieciséis por ciento se declaró dispuesto a perpetrar un delito bursátil si se le asegurara que no tendría que enfrentar a la ley por ello. Pareciera que ser deshonestos es la base del éxito en las finanzas. Romper el código de confidencialidad, traicionar la confianza de sus clientes, corromper, especular sin el menor reparo rinde buenas ganancias ¡y mueve muchas voluntades!

Con el mismo cinismo, los banqueros le pasan información privilegiada a sus clientes para que saquen dinero del país antes de una devaluación. Lo hacen en un afán de proteger aquello que les resulta valioso. Asimismo, los gobiernos que deciden rescatar a la banca en vez de a seres humanos nos hablan de su mezquindad y avaricia. ¿Para qué los rescatan?, ¿para que sigan practicando la usura? ¿Por qué no se rescata a los campesinos? ¿Por qué no se invierte en los miserables? Porque no se les considera valiosos.

Espero que no me vayan a salir con que no pueden transformarse porque necesitan dinero para hacerlo. Ello significaría que su voluntad anda medio confundida. Si alguno de ustedes se encuentra en esa situación, antes de continuar con la escritura de su historia personal es preciso que aclaren perfectamente cuál es la utilidad que le atribuyen al dinero, ya que así como podemos estar enganchados con momentos dolorosos del pasado, podemos estar amarrados a la idea de que el motor que echa andar el mundo es el dinero. Este pensamiento es un impedimento en el proceso de cambio.

Cuando llegamos al abordaje de este tema en mi taller de escritura, me he encontrado que la gente defiende con todas sus fuerzas el valor del dinero y la importancia de poseerlo. Y cuando les pregunto si creen poder vivir en una sociedad en donde el dinero no sea esencial ni sea el factor fundamental del éxito ni del desarrollo personal, entran en crisis. No conciben un mundo que no esté gobernado por el dinero. Lo perciben como algo muy real cuando el dinero no es más que la ilusión de la ilusión. Todas las grandes transacciones millonarias entre banco y cuentas de inversionistas son virtuales. No existen. Lo que sí es real es la garantía que las personas tienen que dar para obtener un préstamo. Hipotecan su casa, sus coches, sus bienes personales adquiridos con mucho esfuerzo. Y si por algún motivo no pueden cumplir con los pagos acordados, el banco no se tienta el corazón para apoderarse de ellos, dejando a la intemperie a familias enteras.

He visto a mucha gente morir y matar por dinero.

Cuando la visión capitalista se impone sobre los seres humanos les fractura la voluntad. Los asalariados que no obtienen el dinero que merecen por el trabajo que realizan se ven desalentados y piensan que sin dinero "no pueden" hacer nada. El que tiene el dinero *puede* tener una casa, educación, atención médica, alimentación, diversiones y tiempo libre para disfrutar la vida.

Los pobres no tienen nada. Pasan el día trasladándose a su lugar de trabajo. Cumpliendo su horario de trabajo y regresando agotados a sus hogares. No les queda tiempo ni energía para nada. Valoran su tiempo en función de lo que les pagan por hora de trabajo. Robarle el tiempo a alguien es robarle libertad, voluntad y creatividad.

En el tiempo es donde uno puede encontrar el espacio adecuado para dedicarlo a la búsqueda interna. Para planificar su vida. Para reestructurarse. Para organizar sus emociones. Negarle un tiempo de descanso a alguien es condenarlo a un trabajo enajenante y dejarlo fuera del alcance de sí mismo.

Las películas de Hollywood nos muestran constantemente que la voluntad de los protagonistas es inversamente proporcional a su necesidad económica y que el amor es una consecuencia directa de la riqueza, legal o ilegalmente obtenida.

Cuando lo cierto es que la vida en el planeta surgió sin necesidad del dinero. La flora y la fauna. Las especies animales. Los bosques, los lagos, las selvas evolucionaron y siguen evolucionando sin el financiamiento de los banqueros. El poder que proporciona el dinero no se puede equiparar con el de la voluntad del Universo. El dinero responde a la lógica de la idea de separación. Aquel que lo posee se siente poderoso frente a los desposeídos. Sin embargo su poder es muy menor y transitorio. Su solvencia económica puede desaparecer de un momento a otro y con ella el poder que ostenta. Sin pobres, los millonarios no serían nadie. Así que su poder proviene de ellos. Los acaudalados son los que nos necesitan a la mayoría de los habitantes del planeta. Curiosamente pensamos que es al revés. Que sin dinero no podemos hacer nada. No podemos tener una vivienda ni alimentarnos ni viajar ni estudiar ni recibir atención médica. Y como estamos convencidos de ello renunciamos a ejercer nuestra voluntad con tal de asegurarnos una vida supuestamente confortable. ¿Por qué no nos organizamos económica, social y materialmente para cubrir nuestras necesidades de otra manera y de paso recuperar nuestra voluntad individual y colectiva? ¿Por qué no prescindimos del dinero? Ahí se los dejo de tarea. Sé que muchos desaprobarán el simple planteamiento pero creo que es conveniente revisar los perjuicios y beneficios que nos ofrece.

Aquellos que estén interesados en el tema les sugiero se remitan a internet. Ahí encontrarán infinidad de datos sobre sociedades que viven de una manera diferente, como el caso de las cooperativas que se organizan a través de un banco de trueque, las que establecen su propia moneda de cambio o las que de plano no utilizan el dinero ni ningún objeto como artículo cambiario y sólo comparten de manera equitativa lo que la tierra les da. Cualquiera de ustedes puede acceder a este tipo de información. Por lo mismo, a los gobiernos actuales les interesa tanto controlar el acceso a la información. Ya vieron lo que pasa cuando la gente está en constante comunicación y comparte sus experiencias por medio de las redes sociales. El Twitter se ha convertido en un arma poderosa no sólo de información sino de movilización ciudadana. Pero ¿qué pasa con los que no tienen computadoras, ni celulares ni acceso a internet, ni la mínima posibilidad de adquirir uno? ¿Cómo pueden recuperar la memoria, la voluntad?, ¿qué pueden hacer para conectarse nuevamente con la voluntad del Universo?

Guardar silencio. Quedarse quietos hasta sentir la vibración, la vida, el pulso del Universo. Al hacerlo, recibiremos de inmediato una carga infinita de conocimiento que ha fluido de manera constante desde el inicio de los tiempos. A partir del momento en que una célula se dividió en dos e imprimió toda su carga genética sobre la nueva se inició la transmisión de información.

A veces me pregunto si esa separación fue silenciosa o no. Porque todo movimiento, por imperceptible que parezca, produce un sonido, una vibración. En la India existe una tradición que dice que cuando el "vacío" se dividió en masculino y femenino surgió el sonido AUM y que esta vibración se extendió por todo el Universo creando tiempo y espacio. La tradición hindú considera al cosmos como un océano de vibraciones. El propio Pitágoras habló de que cada átomo produce un sonido particular, un ritmo, una vibración.

Los mayas decían que el Universo no es otra cosa que una matriz resonante y que si nos conectamos con ella por medio del cordón umbilical del Universo obtendremos todo el conocimiento que queramos. En otras palabras, podríamos conectarnos con todo y con todos en un instante y establecer comunicación con ellos.

Cuando me enteré de la grandiosa cosmovisión que poseía esta ancestral cultura mexicana afortunadamente ya existía la web, de otra manera nunca hubiera comprendido a qué se referían estos grandes observadores del cielo cuando hablaban de una mente cósmica, completamente interconectada.

No crean que ya tengo todo aclarado. Las dudas continúan en mi mente. ¿A qué se referían cuando hablaban del cordón umbilical del Universo?, ¿a un link acuático?, ¿a una corriente de agua que circula entre la matriz resonante y nuestros cuerpos? ¿O se referían a nuestra propia sangre que en su viaje por el interior de nuestro cuerpo lleva ríos de información y memoria ancestral a cada una de nuestras células? Si tomamos en cuenta que en nuestro cuerpo existen cerca de cien billones de células, que está conformado en un setenta por ciento de agua y que el sonido se propaga por el agua cinco veces más rápido que por el aire, nos podemos dar una idea de lo que sucede al interior de nuestros cuerpos en términos de comunicación.

Recientemente, y a partir de los descubrimientos del doctor Masaru Emoto en Japón, sabemos que nuestros pensamientos y emociones pueden alterar la estructura molecular del agua e incluso modificar su campo vibratorio, lo que nos lleva a comprender la forma íntima en que los seres humanos estamos conectados con el cosmos.

Ahí está la respuesta de cómo pudieron conectarse los mayas con el cosmos sin computadoras ni celulares ni tecnología de por medio. Tal vez porque en ese tiempo, en esas noches estrelladas que ellos observaban con tanto ahínco en completo silencio, llegaron a percibir la música de las esferas y descubrieron que melodía y matemáticas, como Einstein afirmaba, son la llave para abrir la información del Universo entero.

A las nuevas generaciones que viven en grandes ciudades les asusta el silencio. Una falla en el suministro de energía eléctrica puede provocarles ataques de pánico o síndrome de abstinencia. No imaginan su vida sin una computadora o un celular en la mano. Las limitaciones perceptuales que de por sí el cuerpo humano impone se han ido agudizando y sus capacidades naturales para interconectarse con el cosmos se han ido atrofiando a medida que la tecnología ha ido avanzando.

Estamos presenciando el momento de mayor esplendor en el campo de la comunicación y paradógicamente el de menor comunicación entre los seres humanos. De la misma manera, por un lado sufrimos los devastadores efectos que provoca la ausencia de una conciencia planetaria y por el otro vemos cómo surgen movilizaciones sociales en torno al Twitter que hacen reaccionar a la sociedad civil de una manera instantánea y unificada.

Desgraciadamente, entre tantos y tantos correos electrónicos que circulan en la red, entre tantos y tantos mensajes de texto, hemos confundido las palabras, los susurros y los silencios y seguimos insistiendo en vernos como seres separados que necesitan de aparatos para comunicarse los unos con los otros, evidenciando de alguna manera nuestra separación en tiempo y espacio. Hemos olvidado cómo entrar en comunicación con el Universo del que formamos parte. Ya no recordamos el tiempo cuando todo era uno, cuando todos éramos uno. Si fuéramos capaces de recordar el ritmo cadencioso de la matriz resonante que nos formó veríamos más allá de nuestros ojos y nos daríamos cuenta de que formamos parte de un todo indivisible, de una totalidad que a todos nos abarca y que estamos totalmente interconectados con ella. Que nuestro corazón late al unísono que el Corazón del Universo.

Que no necesitamos de computadoras ni de celulares. Que dentro de nosotros contamos con los elementos indispensables para que no haya interrupción en el flujo eterno de información que corre entre célula y célula, entre estrella y estrella, entre galaxia y galaxia. Que somos seres de energía que vibran, que resuenan, que cantan cuánticamente con el Universo entero.

¿No creen que sería fabuloso poder conectarnos con el corazón umbilical del Universo y recibir toda la información que necesitáramos de manera gratuita? ¿No sería genial que la tecnología, en vez de hacernos cada vez más dependientes, nos fuera convirtiendo en iPads vivientes, en antenas satelitales poderosas que emiten su permanente y pulsante canto, en discos duros eternos donde las imágenes digitales nunca se pierden, en iPods con capacidad ilimitada de gigas en donde resuene toda la música que existe, incluida la de las esferas? ¿No sería maravilloso dejar a un lado nuestra condición de consumidores compulsivos de nuevas tecnologías para volvernos el pensamiento, la luz, la memoria del Universo entero?

Las últimas elecciones para presidente en mi querido México me obligaron a reflexionar profundamente sobre el tema. A veces creemos que lo que pensamos, lo que sentimos, lo que anhelamos, lo que soñamos se puede desvanecer de la noche a la mañana sin dejar rastro alguno. Que la muerte acaba con todo. Pasando por alto que estas experiencias humanas al momento de salir de nuestra mente, de nuestro corazón, se expanden por el cosmos y pasan a formar parte del campo de información colectiva, donde se crean los genes de información que socialmente compartimos.

Se dice que cuando uno nace, se sintoniza con lo que Rupert Sheldrake llama campos de resonancia morfogenética y adquiere la información colectiva del momento. Es por eso que a un niño de nuestra época desde una edad muy temprana le resulta tan fácil comprender la tecnología y el manejo de celulares y computadoras, pues el funcionamiento de los mismos es un dato que estaba presente al momento de su nacimiento. En cambio a la gente de mi generación nos resulta sumamente difícil manejar aparatos complicados, bueno, en mi caso ¡hasta la contestadora telefónica!

Es importante darnos cuenta de que la memoria permanece y que va a actuar para bien o para mal en las nuevas generaciones. Como hemos mencionado, la memoria no es un fenómeno local. Hay un famoso experimento del mono 100 que tuvo lugar en Koshima, una isla del Pacífico. En el año de 1952, un grupo de científicos, comenzó a darles camotes a los monos que habitaban la isla. Los depositaban en la arena y de ahí los tomaban los monos. A los monos les agradaba el sabor del camote, no así el de la arena. Una hembra de la manada tuvo la iniciativa de lavar el camote en el agua antes de comerlo. Su mamá y sus amigos comenzaron a imitarla. Poco a poco la práctica se fue extendiendo hasta alcanzar a una gran mayoría de la manada. Sin embargo, algunos monos seguían comiendo sus camotes con arena. Curiosamente, a partir de que aproximadamente noventa y nueve monos habían modificado la nueva técnica alimentaria, se dio un cambio y con la aparición del mono número cien dispuesto a lavar su camote en el río, de pronto toda la manada comenzó a hacerlo. Los científicos se sorprendieron al ver que el hábito de lavar los camotes no sólo se implantó en la isla de Koshima, sino que atravesó el mar y los monos que habitaban en otras islas también comenzaron a lavar sus camotes, sin aprendizaje previo ni modelos a imitar. Mediante este experimento, los científicos observaron que cuando un determinado número crítico, que no necesariamente es el número cien, repite una información, surge una conciencia colectiva que se transmite de una mente a otra pues pasa a formar parte de su campo de resonancia mórfica.

Recientemente en México, los jóvenes de la Universidad Iberoamericana iniciaron un movimiento social como respuesta al intento de im-

posición de Enrique Peña Nieto como candidato
a la presidencia de la República. Algunos de estos
jóvenes que integran el movimiento #Yo Soy 132
nacieron después del terremoto que sucedió en el
Distrito Federal en el año de 1985, y heredaron la
conciencia de que la sociedad civil organizada era
la que podía dar solución a los problemas ocasio-
nados por el desplome de tantas casas y edificios,
ya que el gobierno no reaccionaba de manera
adecuada. Que eran ellos mismos, los ciudadanos
de a pie, los que tenían que organizarse como
una fuerza poderosa. Otros jóvenes nacieron después del fraude electoral de 1988 y en su primer
aliento sintonizaron con una ola de frustración
que mucha gente sentía en ese momento ante la
imposición de un candidato que era el vivo re-
presentante de un viejo régimen dictatorial. En
el ambiente se respiraba un deseo auténtico de
cambio del sistema político y esos recién nacidos
lo inhalaron y lo instalaron en la parte más sensi-
ble de su ser. Sin saberlo, heredaron la urgencia
colectiva de formar un nuevo partido que nos re-
presentara correctamente. Otros tantos nacieron

después del levantamiento de los zapatistas en el año de 1994, cuando se hizo presente un grupo social olvidado y marginado que exigía respeto y dignidad.

Estos jóvenes son el equivalente al experimento del mono número cien. Son la nueva conciencia. En ellos vive lo mejor de todos nosotros. Son la prueba de que la lucha no ha sido en vano. Que la experiencia adquirida permanece y tarde o temprano se hará realidad. Esos jóvenes son la presencia viva y luminosa del pasado que actúa de forma coordinada. Son ellos la manifestación física de nuestros mejores sueños. De los sueños de varias generaciones de seres humanos, de varias generaciones de árboles, de rocas, de galaxias que se hablan, que se cantan, que se abrazan, que se miran y se reconocen como parte de un todo.

Si estamos interconectados y somos uno con el todo, considero que nuestra verdadera esencia es la generosidad. Cada una de las células de nuestro cuerpo ha sido alimentada químicamente por alimentos que la tierra ha producido y la tierra es el mayor ejemplo de generosidad. Ella no discrimina a ninguna semilla, a todas las alimenta por igual, a todas les da espacio. El agua tampoco hace distinciones entre sus beneficiarios. El viento menos. Nunca he visto que el aire se niegue a entrar en los pulmones de una persona por su raza o color. Estos elementos que conforman el mundo tienen dos características irrenunciables: son generosos y amorosos. Sólo el amor, esa intención suprema de unión, hace de dos cosas separadas una sola. Sólo la energía amorosa puede hacer que el agua, el aire, la tierra y el fuego se fundan dentro de un cuerpo humano y lo hace de la manera más desinteresada, sin otro propósito que la vida misma. El amor y la generosidad son nuestros genes verdaderos y eso nos habla de que el origen de la vida provino de una mente, idea o propósito amoroso.

En los restos de civilizaciones pasadas podemos darnos cuenta del propósito con el que fueron diseñadas y construidas sus ciudades, sus centros ceremoniales, su vida comunitaria. Cada casa, cada vasija, cada vestido, cada monumento, cada estatua nos habla de una manera de pensar y de actuar.

Por ejemplo, a pesar de que en Pompeya y Herculano, con motivo de la explosión del Vesubio, de golpe desaparecieron todos sus habitantes, la memoria de ese pueblo sigue presente en sus ruinas. En cada casa se recolectaba el agua de lluvia. La comida se preparaba y se distribuía colectivamente, había un sentido real de búsqueda del bien común.

En nuestras ciudades modernas, por el contrario, las decisiones que se toman parecen apuntar a un intento de suicidio colectivo. La conciencia de unidad no existe. Punto. El agua no se captura. La comida no se comparte equitativamente. La desconexión de unos con otros es generalizada. La mayoría de los habitantes ven por sus intereses individuales y de grupo. Los gobernantes también. Favorecen a sus amigos y destruyen a sus enemigos —o adversarios como los llaman elegantemente— sin importar las consecuencias.

Al corazón nunca se le ocurriría pensar que quiere dejar fuera del órgano a las células de la válvula coronaria o dejar de suministrarle sangre en represalia porque no quisieron alterar el ritmo cardiaco a petición de un tumor canceroso.

Bueno, pues en los partidos políticos y los gobiernos del mundo entero sí se les ocurren este tipo de cosas. Decretan bloqueos económicos, talan bosques, tiran a la basura toneladas de comida que podrían alimentar a millones, etcétera. El resultado: estamos a punto de enfrentar una crisis mundial a causa de nuestro egoísmo extremo. Cuando no se trabaja ni se piensa en beneficio de la mayoría, se trabaja como una célula cancerosa. Todo lo que no une, separa, así de simple.

Aún estamos a tiempo para encontrar el camino correcto, para lo cual es indispensable recuperar la voluntad y para ello es preciso recordar. En el transcurso del desarrollo de la humanidad han habido civilizaciones que encontraron una manera armónica y respetuosa de convivir con el medio ambiente, pues se sabían parte de un todo. De una conciencia universal y cósmica.

Los grupos humanos separados del Todo, sin conciencia de unidad, están condenados a repetir la misma información y el mismo propósito equivocado que sus antecesores, a menos que haya un cambio interno que nos lleve a recuperar la voluntad, el deseo y la esperanza y nos haga darnos cuenta de que los sueños son nuestro deseo y no solamente nuestra pesadilla. Que la voluntad de cada individuo y de toda comunidad es el llamado al bien común, es la verdadera prosperidad y la forma más realista y auténtica de ser felices.

DÉCIMA SESIÓN

Culpa

Sólo una persona con la voluntad fracturada podría elegir la obediencia ciega como forma de vida. Doblegarse ante las órdenes de sus superiores.

Durante los interrogatorios del juicio de Nüremberg salió a la luz pública un dato interesante. Los generales que estuvieron al frente de los campos de concentración resultaron ser padres, hijos, amigos y hermanos ejemplares. La gente se preguntó si eran tan buenos seres humanos, ¿cómo fue que pudieron ordenar tales masacres en contra del pueblo judío? Todos ellos declararon que simplemente lo hicieron obedeciendo órdenes superiores.

Todas las estructuras de poder tienen una forma piramidal y operan con base en la obediencia. Los de abajo, los que están en la base de la pirámide, son los que soportan a los que se encuentran en la cúspide. Sin su ayuda y colaboración ninguna organización podría funcionar correctamente. Ningún partido político. Ninguna institución religiosa. Ninguna organización criminal. El motor que permite que la cúpula en el poder actúe es la gente que lo sostiene. Sin nuestra ayuda no podrían ponerse en marcha. Necesitan de todos nosotros para poder existir y aunque muchas veces no estemos de acuerdo con la forma en que funcionan sus instituciones, por incomprensible que parezca, colaboramos con ellos mansamente.

Los métodos que se utilizan en la actualidad para controlarnos o encaminar nuestra voluntad en el sostenimiento de determinada estructura de poder o de un sistema económico absurdo, que va en contra de todo sentido común, parten del miedo.

Para que una persona haga algo en contra de su voluntad debe tener miedo. Puede llegar hasta matar si cree que con ello salvaguarda su existencia. Por eso, los grupos delictivos, llámense narcotraficantes, terroristas o dueños de la banca, por dar sólo un ejemplo, recurrirán a la implantación del miedo como el método más efectivo para mantenerse en el poder. Denunciar o no denunciar. Robar o no robar. Pagar o no pagar tarjetas de crédito. Matar o no matar. Ser o no ser, como diría Shakespeare, ésa es la cuestión.

Se dice que el narcotráfico arruina vidas. No, lo que arruina vidas es un sistema económico que obliga a unos a vender drogas y a otros a consumirlas. Se dice que hay una crisis alimentaria. No. Hay una crisis provocada y fomentada por seres miserables que permiten que cuarenta por ciento de la comida se desperdicie cuando millones podrían evitar morir de hambre con esos alimentos. Si formamos parte del noventa y nueve por ciento de la población que sostiene al uno por ciento que vive en la riqueza y que toma decisiones tan estúpidas, ¿por qué nos organizamos y actuamos de otra manera? Por miedo.

Ahora bien. Para que haya miedo, debe de haber culpa. Me esperé casi hasta el último capítulo para tocar este tema tan delicado. "¿Culpa de qué o por qué?", se preguntarán. Veamos.

En un mundo dual, si hay frío, hay calor. Si hay muerte, hay vida. Si hay miedo, debe de haber culpa pues sólo un culpable puede temer una desgracia. "¡No necesariamente!", estarán gritando algunos de ustedes. Les pido paciencia. Déjenme tratar de explicarme.

Si yo, como individuo, considero que algo malo puede sucederme es porque creo que la maldad existe. Si hay maldad, la separación entre los seres humanos debe ser real. Significa que somos cuerpos separados que pensamos y actuamos de manera distinta. Que hay malos y hay buenos. Si hay malos y buenos, hay fuerzas opuestas que actúan una en contra de la otra. ¿De acuerdo? Entonces, en cualquier momento uno podría ser blanco de una de esas fuerzas en movimiento y sufrir un daño colateral sin deberla ni temerla. En otras palabras, podemos ser víctimas de un ataque externo. Ahora bien, si tal y como hemos visto, "afuera" no hay nadie más que mí mismo pues formo parte de un todo, ¿de dónde proviene el ataque? En este capítulo veremos que todo ataque es contra uno mismo. ¿Y cuál es la razón por la que nos atacamos? Tal vez porque no nos consideramos lo suficientemente buenos ni dignos de ser amados. ¿De dónde viene esta creencia? Generalmente se instala en los primeros años de nuestra infancia. Sé de infinidad de casos de niños que cuando hacen algo que sus padres consideran como "malo" son reprimidos con frases como: "Ya no te quiero pues te has portado mal"; o "estoy muy triste porque eres malo conmigo". Ante esto, los niños descubren que sus acciones tienen el poder de causar dolor por lo cual merecen un castigo. Al crecer lo más probable es que cuando sientan que sus acciones lastiman o afectan a sus seres queridos, de manera inconsciente estarán esperando el inevitable correctivo al que se han hecho acreedores. Si no llega, ellos mismos se lo buscarán, ¿y qué mayor castigo que no ser amados?

A lo largo de mi vida he presenciado la manera en que muchas personas, sin estar conscientes de ello, buscan su propia condena y se empeñan en establecer relaciones sentimentales con personas que los hacen sufrir para de alguna forma "pagar" su culpa. Dejan de lado al, o a la que podría haber sido su pareja más adecuada argumentando que no coincidían con ella intelectual, espiritual o físicamente. De esta forma y con la mayor tranquilidad arruinan sus vidas. El colmo es que culpan "al otro" de no haber satisfecho sus expectativas. Señalar culpables es el deporte universal. Y es que aparte de lo cómodo que resulta, la mayor parte de las veces, en verdad ignoramos la cantidad de culpas que cargamos en la espalda y que nos llevan a elegir la peor opción para nuestro futuro, incluido por supuesto al candidato presidencial que nos va a gobernar.

Algunas de estas culpas no están relacionadas directamente con nosotros. Son generadas por nuestra equivocada forma de vida. Uno transita por la ciudad y se topa con cientos de niños de la calle pidiendo limosna. Ve a prostitutas casi niñas esperando clientes, medio desnudas, en medio de la lluvia. Ve cómo se asesinan ballenas, focas o delfines. Ve los efectos del calentamiento global. Ve la destrucción ecológica. Y se siente impotente. Sabe que no puede hacer mucho para ayudar como quisiera o debiera y siente culpa, así de sencillo. Esa culpa reprimida o ignorada causa tal malestar en nuestro interior que buscamos deshacernos de ella y el mejor sitio es "afuera" de nosotros.

Por el otro lado se encuentran los desposeídos. Los abandonados. Los que viven en condiciones infrahumanas. Los que ven morir de hambre a sus hijos. Los que no entienden por qué se les niega el acceso al trabajo. Al salario justo. A la salud. A la educación. Y para no ir más lejos, a la alimentación. ¿Será que no se lo merecen? ¿Qué cosa tan grave pueden haber hecho al nacer como para que se les niegue una vida digna? ¿Cómo creer que en su interior hay algo valioso? No parecen existir para nadie. Pasamos de largo frente a ellos. ¿Si no valen nada, quién los va a convencer de que merecen un trato diferente?

Atrás de un ataque a uno mismo se oculta una creencia de no merecimiento, pero las miles de personas que no tienen nada y que nunca han recibido el menor gesto de solidaridad de nuestra parte, ¿qué esperamos que piensen?, ¿qué valor le pueden dar a su existencia? Vivir es su mayor castigo. Pero, ¿podemos decir que ellos mismos se lo buscaron?

No. Al menos no de manera consciente ni de manera individual. Lo que a ellos les sucede corresponde a una falta de merecimiento colectiva. ¿Por qué nos organizamos en sociedad mediante modelos económicos que propician la desigualdad y la injusticia? ¿Por qué? ¿Por qué dejamos sin beneficios a la mayoría? Por eso resulta tan delicado hablar de la culpa y castigo. Hay culpas adquiridas. Hay culpas heredadas. Hay culpas que culturalmente se instalaron en lo más profundo de nuestro inconsciente y sin darnos cuenta controlan nuestro comportamiento. Una de ellas es la idea del pecado original, que nos dice que nuestra existencia, a causa de esa desobediencia, deberá estar marcada por el dolor y el sufrimiento.

El otro día estaba renovando la suscripción antivirus de mi computadora y me puse a reflexionar sobre ello. ¿Los virus nacieron con las computadoras? No, alguien los creó. ¿Y para qué? Para vender seguros. No es que el mundo cibernético sea perverso por naturaleza. No. Hay seres que no tienen madre y que hacen lo que sea con tal de obtener ganancias económicas. Ellos son los que están atrás de la creación de los virus y luego del programa que evita su propagación. En el mismo caso se encuentran los dueños de los laboratorios que primero crean enfermedades y luego nos venden las vacunas en contra de sus virus. Pero, ¿quién puede desear un mal tan tremendo a millones de seres humanos? Alguien que quiere más al dinero que a los seres humanos. Y ese ser desalmado, ¿nació así o así lo hicieron? ¿Merece nuestra comprensión y simpatía o nuestro eterno repudio? Ustedes dirán. Pero antes de que emitan su veredicto los invito a responder el siguiente cuestionario.

1. La idea de que Adán y Eva fueron expulsados del paraíso por haber comido una manzana del árbol del bien y del mal, ¿te resulta aceptable?
2. ¿Consideras que hay castigos eternos?
3. ¿Consideras la posibilidad de que a veces

personas inocentes puedan ser culpabili-
zadas?

4. ¿Qué pasa con los culpables que nunca
reciben su castigo?, ¿Son una invitación
a evadir la justicia?

5. ¿Quién podría castigar a un inocente?
¿Un sistema judicial corrupto o un sistema de justicia que no distingue entre
el bien y el mal?, ¿O una energía cruel e
incontrolable que desata su furia de vez
en vez sobre la población de este planeta?

6. ¿De dónde surge la necesidad de atacar al
más débil? ¿De una sociedad gobernada
por la Ley de la Selva y conformada por
seres humanos que son incapaces de dejar
a un lado su condición depredadora?

7. En un mundo unificado, ¿alguien podría
expulsar del paraíso a "otro" sin expul-
sarse él mismo?

8. ¿Si alguien se reencuentra amorosamen-
te con su otredad, automáticamente comparte esa sensación de plenitud con el resto?

9. ¿No sería un buen camino la búsqueda auténtica del amor para así poder alcanzar una paz y un bienestar duraderos?

Finalmente, sea lo que sea lo que a nivel individual cada uno de nosotros tenga que hacer para modificar su historia, lo que todos tenemos que hacer es eliminar el odio y la violencia como una práctica constante en nuestras vidas. Ése es el paso que todos vamos a dar. El odio niega la unión. Impide la paz, la concordia. Sólo superándolo, llegaremos al amor.

¿Y los culpables? ¿Y el castigo que merecen?

Nunca ha sido la intención de estos ejercicios sugerir que no se debe ejercer acción penal en contra de aquellos que de manera equivocada hayan cometido algún delito. No. Los responsables de crímenes, de fraudes, de engaños, abusos, violaciones, tendrán que responsabilizarse por ello y la justicia se deberá impartir, pero no desde el odio, sino desde el amor. De un amor adulto. De un amor sano. De un amor firme.

Habrá gente que diga: "No, yo no puedo amar porque los demás han llenado este mundo de odio y de dolor". ¿Cómo? ¿Y nosotros qué? ¿No formamos parte del mundo? Todos nosotros somos la gente de paz. Todos nosotros somos la gente de amor. Si en todos nosotros no está la posibilidad de mejorar este mundo ¡ya nos fregamos! La creencia de que "los otros" son los que deciden si amamos o no amamos es el pretexto ideal que tenemos a la mano para no amar. Mientras más tremendo sea lo que "los otros" realizan, más se acrecientan las razones por las que no podemos amar. Echarles la culpa es la pantalla perfecta para ocultar nuestra incapacidad afectiva y de paso quedar absueltos de nuestra responsabilidad social. Se establece un círculo vicioso en el que un ser que ha sido lastimado por los demás responde con odio y con violencia. Y los que reciben su ataque reaccionan de la misma manera y así hasta el infinito.

La incógnita es quién y por qué lanzó la primera piedra. Porque nadie puede agredir lo que considera suyo. Sólo quien se concibe como ajeno a un grupo social puede atacarlo. Sólo quien se concibe separado, desterrado, desamparado, puede ser capaz de ver como enemigos a sus hermanos y asesinarlos. Sólo alguien que se siente mutilado puede tener la sangre fría para mutilar otro cuerpo y así poder permanecer en sus recuerdos para siempre, aunque sea como una mala memoria, como una maldición, como una herida putrefacta. ¿Quién tendría esa enfermiza necesidad de ser visto, aunque sea por un instante, aunque sea con horror, aunque sea con odio pero ser visto al fin? ¿Quién, sino alguien que hace tiempo no forma parte de una colectividad podría ser capaz de mutilar, violar, decapitar a otro? ¿Quién, sino uno que hace mucho hicimos a un lado, que mantenemos en el olvido pues nunca nos ha preocupado en realidad? ¿De quién estamos hablando? De nosotros mismos. No estamos hablando de cuerpos separados. De buenos o malos. De culpables e inocentes. Estamos hablando de la energía suprema que nos habita. De una sola mente. De un solo sonido. De un solo pulso. De una sola vibración. De un solo corazón del que formamos parte.

Toda la vida comienza con un corazón, con un pulso, con una vibración. Nos dicen nuestros antepasados que todo tiene un corazón. Desde el más pequeño átomo hasta la más lejana estrella, toda vida en nuestro Universo posee un corazón que pulsa. La tierra pulsa, el cielo pulsa, vibra, danza. Cuando palabra y pensamiento se unen en una sola vibración, la materia toma forma y surge un nuevo corazón y cuando deja de latir, la vida cesa, se detiene.

En los últimos tiempos, la Tierra ha acelerado su pulso. Nosotros también, sin embargo lo hacemos por separado, a contraritmo. Vivimos en desarmonía con la naturaleza y con nuestros semejantes. Tenemos que corregir el rumbo, recorrer nuevos senderos si queremos sobrevivir como especie. Estoy segura de que el corazón es el que marcará el paso, que el corazón es lo que unirá palabra y pensamiento para repetir el misterioso acto de la creación de un nuevo Universo.

Un Universo sin culpa, donde los responsables de elecciones equivocadas puedan sanar, reparar el daño y reintegrarse nuevamente a la

sociedad. "¡No, no se merecen una nueva oportunidad!", dirán algunos. La razón de hacerlo es
simple. Mientras haya culpables, hay víctimas.
Mientras haya víctimas hay separación y mientras haya separación no puede existir el amor como fuerza suprema de unión. ¿Quién quiere vivir
en un mundo donde lo que reina es el odio?

Ahora les pido que hagamos un ejercicio ci-
nematográfico. Les voy a pedir que describan
diez situaciones en secuencia con la siguiente
trama: ustedes están siendo acusados de un crimen que no cometieron. El orden podría ser el
siguiente, pero tienen toda la libertad para hacerlo como deseen. Los pasos que se sugieren
son lugar común en las películas de detectives
pero precisamente por eso les pueden resultar
fáciles de seguir.

1. Te acusan de un crimen que no cometiste.
2. La policía te apresa.
3. Tu abogado recaba pruebas a tu favor y
   efectivamente resultas ser inocente pero
   la opinión pública destruye tu reputación.

4. Tu familia está desolada.

5. Tus hijos son objeto de la burla de sus compañeros.

6. De pronto, otro preso diseña un plan para que juntos puedan escapar de la cárcel.

7. Todos te persiguen.

8. Afortunadamente logran dar con el verdadero culpable, pero al enfrentarte con él, estás a punto de perder la vida.

9. Durante la pelea logras salvar las pruebas que demuestran tu inocencia y se las entregas a los medios y a la policía.

10. Demuestras tu inocencia y puedes reintegrarte con tu familia.

Este tipo de películas son muy exitosas porque a la gente le encanta ver que los protagonistas, a pesar de que cayeron en desgracia, pueden recuperar su prestigio y su inocencia. En ellas, el héroe huye de la justicia en un intento de recabar datos que prueben su inocencia. En estas cintas, las escenas de persecuciones casi siempre incluyen cambio de personalidad. Si la policía está persiguiendo a un hombre con barba, el hombre se la rasura para cambiar su apariencia o si se está persiguiendo a una mujer morena, ésta se tiñe el cabello de rubio. Nunca faltan las escenas en donde los fugitivos se confunden en una multitud (que casi siempre celebra una fiesta religiosa o un carnaval) y así, diluido en "los otros" pierde su personalidad y logra escaparse.

Eso es lo que ustedes van a hacer. Van a liberarse. Van a cambiar de personalidad. Para empezar van a quitar el término de *culpable* de su mente y lo van a remplazar por el de *responsable*. Durante el desarrollo de las diez escenas, le van a dar oportunidad a su personaje de explicar su comportamiento. De demostrar su inocencia. En caso de que sí hayan cometido una equivocación, le van a dar la oportunidad de ofrecer una disculpa en público. Después de hacerlo, le permitirán reparar el daño, en la medida de lo posible y por último le permitirán reintegrarse a la sociedad libre de culpa.

ONCEAVA SESIÓN

Perdón

La sesión anterior la dedicamos a liberar la culpa que se interponía en nuestro camino. En esta sesión vamos a ampliar dicho ejercicio.

Se puede decir que sin ataque no hay daño. Sin daño no hay víctima. Sin víctima no hay culpable. Sin culpable no hay necesidad de castigo. Sin castigo no hay sufrimiento. Sin sufrimiento hay paz.

Para permanecer en un estado de paz sería necesario no ver posibles enemigos ni peligros inminentes. ¿Y cómo le hacemos para lograr ese cambio de percepción? ¿Nos sacamos los ojos como Edipo? No. Creo que podemos buscar otra alternativa.

Más allá de lo que vemos, más allá de las ideas, se encuentra la fuente de todos los cambios, la que sostiene la vida y sostiene la conciencia. Para entrar en contacto con esa fuente primigenia tenemos que colocarnos en la posición del observador, del que mira de manera objetiva. El problema es que el ser humano sólo percibe una parte de lo que sus ojos ven. El ojo es un instrumento de visión, pero no todo lo que mira es registrado por el dueño de los ojos. Es más, estamos más acostumbrados a mirar sin los ojos que con ellos. Si abordamos un autobús "futurizamos" lo que nos puede suceder. Vemos claramente las imágenes de las desgracias a las que nos estamos exponiendo al viajar en un transporte público, a pesar de que aún no han tenido lugar. Proyectar una imagen, internamente originada, es una prueba de que el hombre puede "ver" imágenes que nunca percibió. En el caso contrario, puede que efectivamente una persona haya presenciado un acto criminal y que esas escenas la hayan impactado de tal manera que en vez de percibir lo que sucede en el mundo, sigue proyectando una y otra vez imágenes pertenecientes al pasado, a pesar de que ya no estén sucediendo. Su visión niega y culpabiliza al presente.

Acabamos de analizar los efectos negativos de culpabilizar. Por un lado estamos plenamente conscientes de que la violencia no se acaba con violencia pero nos pasamos el día juzgando, condenando y deseando los peores castigos para quienes cometen actos criminales.

Si en el "exterior" no hay nadie más que nosotros, ¿a quién le corresponde poner fin a la violencia? Desde el punto de vista unificado, cuando afirmamos que tal o cual ser humano no merece un acto de amor sino todo lo contrario, estamos pasando por alto que en esa persona vamos incluidos todos. ¿Cuál es el motivo por el que no merecemos ser amados? Por culpa. La culpa escondida es la que nos hace creer que no merecemos otra cosa que el maltrato. Como vimos en el capítulo anterior, hay culpas que no nos pertenecen pero que igual cargamos con ellas. Y con base en esa apreciación nos enjuiciamos y nos castigamos. Ahora bien, como formamos parte de una comunidad (común–unidad) en nuestra mente hay imágenes pertenecientes a la memoria colectiva que también es preciso reeditar para liberar su carga opresiva. ¿Y por qué yo? Se preguntarán. Pues simplemente porque somos una pieza del holograma del universo y lo que removamos en nosotros lo removemos en el Todo. Ojo: eso no significa que el día de mañana ya no habrá criminales aterrorizando a la población, ni gobernantes corruptos, ni comerciantes voraces. No, pero al menos habremos abierto una puerta para que circule la energía que se quedó atrapada en un evento traumático, y eso nos permitirá encontrar imágenes que nos representen mejor, colectivamente hablando. Es igualito que en el ejercicio anterior donde vimos que las imágenes que archivamos en la mente repercuten directamente en nuestro sistema emocional y la emoción que estas imágenes generan nos conecta con determinado pensamiento. En el caso de la idea del "no merecimiento" las consecuencias son graves ya que se convierten en un gran obstáculo en la búsqueda del bienestar colectivo. Si no nos consideramos "dignos de", inconscientemente permitiremos la implantación de institutos, de partidos políticos, de un sistema de justicia de pacotilla, de gobiernos, de corporaciones, de jefes, de padres, de hermanos, de maridos, de esposas, de vecinos que abusen de nosotros y nos encadenen a una condición de víctimas. Recordemos que para que haya una víctima debe de haber un culpable.

Somos implacables al juzgar los actos violentos. Nos consideramos justos y exigimos justicia sin considerar que la mayoría de las veces los atacantes fueron atacados en primera instancia y sólo reaccionaron a la violencia que recibieron. Una prueba podría ser la de los miembros de pandillas juveniles. Esos jóvenes provienen de barrios marginales donde crecieron rodeados de extrema pobreza, sin atención, sin amor y sin ninguna posibilidad de desarrollo.

Muchos de ellos, los que provienen de Guatemala, por ejemplo, son producto de la violencia con la que se arrasaron pueblos indígenas en su país durante la dictadura militar. En ese período do se asesinaron indiscriminadamente ancianos, mujeres, niños, se destruyeron los campos de cultivo, se acabó con todo lo que esa gente amaba. Estos actos deleznables, estos crímenes impunes, dejaron enormes cantidades de ira, de frustración, de resentimiento, de odio.

No intento justificar la presencia de estas pandillas ni sus actividades sino analizar la manera en que, como sociedad, permitimos que se repita una y otra vez la ley de causa y efecto. Si a nosotros nos correspondiera castigarlos, ¿qué pena les impondríamos?

Claro que no hay mayor condena que negarle a otro su verdadera identidad (que en el fondo es la nuestra). Renegar de ellos. Considerarlos infrahumanos. Desearles la muerte o al menos el peor de los castigos. Al hacerlos a un lado del grupo, negamos su identidad y de paso la nuestra. Adoptamos a cambio la identidad que antes les habíamos adjudicado o ¿en qué creen que nos convertimos cuando pensamos que los que nos atacaron son merecedores de un acto de violencia espantoso?

Negar a los demás nuestro perdón y nuestra compasión, es rechazar en nosotros mismos la capacidad de amar. De amarnos. De perdonarnos. No es muy amoroso dejar a alguien fuera del alcance de sí mismo. Mucho menos si somos nosotros mismos los que nos dejamos "afuera". ¿Cómo pensamos encontrar perdón por nuestros actos si de entrada ya se lo hemos negado a los "otros"? ¿Qué castigos nos aplicaríamos si hubiéramos cometido las mismas faltas que ellos? Hablando honestamente:

1. ¿Serías capaz de perdonar a quien te lastimó o atacó a un ser querido?
2. ¿Qué castigo desearías para él?
3. ¿Qué dolor te gustaría que experimentara?
4. ¿Sientes que mientras más fuerte fuera el sufrimiento de tu enemigo más se apaciguaría el tuyo?
5. ¿Considerarías que una muerte lenta y dolorosa es lo único que se merece?
6. ¿Serías capaz de humillarlo?

7. ¿Serías capaz de mutilarlo?
8. ¿Serías capaz de torturarlo?

Ahora piensa en las respuestas que la persona que te agredió daría a este mismo cuestionario. ¿Cuáles diferencias encuentras entre tú y él? "La diferencia es que yo no le hice nada", me dirán y tal vez con justa razón. Yo les pregunto entonces: ¿el hambre no es una agresión?, ¿el hacinamiento no es una agresión? Si por un momento pudieran imaginar lo que es vivir en un cuarto sin ventana con ocho o diez personas más. Un cuarto que no tiene ni ventilación, ni baño, ni agua. Donde tienen que dormir unos sobre los otros. Donde para hacer sus necesidades tienen que salir al baño comunitario de la vecindad en medio del frío, de la lluvia o en la enfermedad. Imaginen la angustia que provoca no tener qué dar de desayunar a sus hijos. Verlos crecer recibiendo golpes y gritos desde que abren los ojos. Niños que nunca fueron deseados y que quizá son producto de una violación. Que nunca han recibido caricias ni besos. A los que nadie les cuenta historias antes de dormir que no sean las de peleas, agresiones y muertes. "Sí, qué triste, pero yo no soy responsable por ellas", me responderán. A nivel individual puede que sea cierto, sin embargo, a nivel colectivo somos responsables por omisión. Permitimos la implantación de un sistema neoliberal que no genera empleos sino acumulación de capital, que no permite la existencia de espacios en los que un ser humano pueda desarrollar su proyecto de vida. Un sistema que establece diferencias brutales entre unos y otros, y que deja en la indefensión a niños, jóvenes y ancianos. Los que aún no salen a la calle a manifestar su desacuerdo con este sistema es porque tal vez no se han visto afectados directamente por él. Y la idea de separación nos sirve de pretexto para no protestar ni defender los derechos de los demás como si de nosotros mismos se tratara. Vivimos pintando una raya para mantenernos separados. Y si acaso buscamos la unión, lo hacemos con grupos afines a nuestros intereses, que en el fondo lo que pretenden es hacer más obvia las diferencias entre unos y otros.

Acabamos de ver que todo ataque es contra uno mismo, pero de igual manera todo acto de amor que ofrendamos irremediablemente nos alcanza.

La energía amorosa no distingue, no separa, no excluye. Es una energía que late, que vibra, que se mueve, que atraviesa nuestros cuerpos, que nos mantiene unidos en espíritu.

En estos tiempos en los que tanto nos urge la reconciliación nacional, vecinal, familiar, universal, escapa de mi compresión que la palabra amor se haya convertido en una especie de mala palabra imposible de nombrar. Si observamos, en las reuniones sociales, en los lugares públicos, en las oficinas de las grandes corporaciones, en los recintos en donde se toman decisiones que afectan a la mayoría, el uso de la palabra amor está acotado bajo el argumento de que el amor nada tiene que ver con los negocios ni con la política. Los que sostienen esta afirmación puede que tengan razón, desde su muy personal e individual punto de vista. Dicen que el amor no se puede dar por decreto ni mandato. Es cierto.

Como también es cierto que el amor no hace distinciones. Y la desigualdad de ninguna manera es amorosa. Como tampoco lo es la impunidad, la avaricia, la corrupción, la discriminación, la indiferencia, las masacres, los bombardeos, el asesinato, los secuestros, las hambrunas. Esta evidente falta de amor que predomina en nuestra forma de vida genera resentimiento, frustración, dolor, miedo, violencia y propicia todo tipo de conductas delictivas.

Manifestamos nuestra falta de amor cuando acumulamos indiscriminadamente. Cuando amamos selectivamente. No basta amar a nuestros hijos sino a los hijos de todos. No basta amar a nuestros abuelos sino a los abuelos de todos. No basta amar a nuestros padres sino a los padres de todos. No basta amar a nuestros compatriotas sino a todos los habitantes de este planeta y para acabar pronto, a todo ser viviente.

Una cultura surgida de un sistema materialista y de la competencia, necesariamente mirará con sospecha la idea de una entrega gratuita y desinteresada. Para los individuos que sólo con-

ciben como válidos el interés económico y el lucro, les tendrá muy sin cuidado el impacto que sus acciones puedan ocasionar en los demás.
Considerarías como lógico que:

1. ¿Una persona que vive en la miseria se sienta excluida de la sociedad?
2. ¿Una persona que nunca tuvo acceso a la salud, a la educación, a la alimentación, al arte, busque la obtención de recursos económicos dentro del mercado informal o la venta de estupefacientes?
3. ¿Una persona que ha perdido a sus hijos en un acto violento confunda la justicia con la venganza?
4. ¿Una persona expuesta a emociones tremendamente dolorosas sea incapaz de controlar su conducta adecuadamente y elija el ataque como medio para expresar su ira?
5. ¿Una persona que pierde lo que más quiere se sienta despojada, ultrajada, alienada?

Espero que las respuestas a estas preguntas les hayan abierto ventanas que les permitan observar aspectos de la conducta humana desde otro ángulo al que están acostumbrados.

Lo increíble es que se siga sosteniendo que no es importante hablar del amor cuando se planean políticas sociales o culturales. Nos dicen que no es posible hablar de normas que lo contemplen pues el amor ni se obliga ni se impone. Es cierto, pero ¿el odio sí? ¿Y qué es el odio sino la falta de afecto, de amor por el otro? Vivimos en un país polarizado en donde se ha fomentado y exacerbado el odio como pocas veces se ha visto en la historia de México. Si el amor no se obliga, porque está más allá de todo código de comportamiento social, tampoco se le podría obstaculizar o manipular y, sin embargo, en los últimos tiempos hemos visto cómo se han implementado campañas de odio perfectamente orquestadas y ejecutadas.

Si ha sido posible sembrar odio entre la población a base de mentiras, de miedo, de muertes, también debería ser posible sembrar y cultivar actitudes amorosas. Si la palabra amor les molesta, cámbienla por otra. Llámenle actitud fraterna, si así los prefieren. No importa. Podemos referirnos al amor de una y mil maneras.

¿Por qué no le llamamos amor al abrazo que conforta?, ¿a las palabras de consuelo?, ¿a las mazorcas de maíz?, ¿al cucharón que alimenta al hambriento?, ¿a la lluvia en el campo?, ¿al rebozo con que las indígenas cargan a sus hijos?

¿Por qué no buscar al amor como medio para solucionar nuestros problemas?

Se podría considerar que el origen de las conductas antisociales proviene de la falta de amor, visto como una fuerza integradora e incluyente. Su opuesto sería una fuerza desintegradora y excluyente.

Una fuerza trabaja a favor de la vida, la otra, a favor de la muerte. La primera hace que sea posible la unión entre dos células y que éstas se reproduzcan hasta formar ojos, brazos, garras, bocas, branquias, dientes, alas, mediante la ayuda de genes incansables que organizan todo tipo de vida.

La segunda fuerza entra en acción cuando los ciclos de un organismo viviente pasan a su última etapa y entonces deja de ser necesaria la información que se transmite entre célula y célula. Es entonces que la fuerza aglutinadora cesa para dar paso a la desintegración de la materia.

Nos es difícil deducir que lo que el mundo necesita en estos momentos es entretejer vínculos sociales rotos, para lo cual es indispensable apelar al poder de la energía incluyente. Si no ¿desde dónde se va a reestructurar el tejido social herido, cortado, polarizado? ¿Desde dónde puede surgir una intención sanadora que no sea desde el sentido de pertenencia, desde la conciencia de unidad, desde el amor? ¿De dónde saldrá el pensamiento, la acción que permita reorganizar la herida social cansada y asqueada de tanta muerte? Sólo el amor puede reordenar la conducta social.

Acostumbrados, como estamos, a considerar que los intereses personales están por encima de los demás, nos puede costar trabajo entender lo que la palabra amor puede significar en la vida pública. Amor es servicio desinteresado, interés en el bienestar compartido, consideración por los demás, respeto a sus ideas, interés en su suerte, urgencia por evitarles todo mal. Significa vivir en una sociedad de seres que se reconocen, se aceptan, se respetan y por eso se aman y aman a los demás. Que frente a la opción de abusar, prefieren proteger. Frente a la opción de robar, deciden cuidar y compartir los bienes comunes. Frente a la opción de violentar un ecosistema, eligen cuidar un entorno en el que todos estamos involucrados.

El amor, que no es otra cosa que respeto, aprecio y entrega gratuita hacia uno mismo y los demás, es lo que nos puede guiar hacia un orden verdadero.

Cuando el amor que se brinda no corresponde con una entrega desinteresada no estamos hablando de un amor verdadero. Muchas parejas cuando pronuncian "te quiero" están esperando escuchar "yo también te quiero" como respuesta. Lo mismo pasa cuando los líderes de los partidos políticos reparten despensas a los necesitados pero les piden a cambio su voto. En esos casos tampoco podemos hablar de un deseo auténtico de brindar ayuda, mucho menos afecto. Cuando mucho podremos hablar de una transacción de tipo económico donde los que salen perdiendo —¡y mucho!— son aquellos que han renunciado a su capacidad de elegir, a recibir un trato equitativo, pues mediante la venta de su voto afirman su dependencia y necesidad, nunca su igualdad ni pertenencia de grupo.

Cuando permito que los actos de una persona me separen de ella, es porque he olvidado quién es esa persona y qué lazo invisible me mantiene unido a ella.

En un universo unificado y compartido en su totalidad, nada puede perderse. Perderse significaría estar separado. Desconectado. Ignorado. Existir "fuera" del alcance de los demás. Esto no es posible. La materia está formada por millares de partículas que se mueven constantemente interactuando unas con otras en todo momento. Algunas células que nos pertenecieron, las de la piel por ejemplo, pueden desprenderse y volar, viajar, transmutarse, convertirse en polvo, pero nunca desaparecer. Son materia renovable. Todo aquello que alguna vez nos perteneció, retornará para integrar un nuevo organismo que se nos presentará bajo una forma diferente.

Como diría Quevedo, seremos polvo, pero polvo enamorado. Ningún átomo, ningún afecto, ningún recuerdo amoroso puede "perderse en el espacio". Tarde o temprano lo recuperamos y al hacerlo nos reencontramos con nosotros mismos. La única manera en que habría pérdida total es si alguien impide el reencuentro por medio de un juicio, de un miedo, de un odio. Cuando una energía excluyente impera en las mentes que crean, que dan forma a la materia, la unión será parcial, incompleta.

La unión ideal es la amorosa. Si queremos vivir en el amor, simplemente tenemos que desplazar el odio. En un mundo amoroso no puede haber odio. Si lo hay, es porque nosotros lo hemos puesto ahí. Cuando digo nosotros no me refiero a un grupo de personas en particular sino a toda la colectividad. Todos nosotros hemos participado activamente dentro de sociedades en donde no hay espacio para el amor. ¿Por qué? Es muy probable que sea porque nos da miedo el amor y quien le teme al amor se teme a sí mismo. "¡Que queeé...! ¿Miedo al amor? Yo no le temo al amor, me paso la vida buscándolo", dirán. Pues déjenme decirles que tal vez no lo hemos buscado en el lugar correcto porque el mundo es un desastre. ¿Y dónde es el lugar correcto? Dentro de nosotros mismos. Ese miedo al amor tal vez sea la causa por la que, colectivamente hablando, no queremos que desaparezcan los culpables pues si lo hicieran recuperaríamos la unidad perdida y ¿en verdad la merecemos? ¿En verdad nos creemos dignos del amor? ¿En verdad podemos aceptar que somos valiosos y que vivimos entre seres igual de valiosos que nosotros porque estamos irremediablemente interconectados con ellos? ¿O nos resulta más seguro atrincherarnos, blindar nuestros autos, nuestras casas, ponernos chalecos antibalas y vivir con miedo?

En el diagrama que se encuentra a continuación, pueden observar que hay dos fuerzas encontradas. La del miedo y la del amor. La del miedo mantiene a la voluntad en un mismo lugar, le impide moverse. La del amor es la que impulsará la voluntad en sentido correcto. La que permitirá que la historia se resuelva favorablemente.

Como verán, el trayecto que tienen que recorrer para alcanzar su objetivo en la escritura de la nueva historia necesariamente tiene que pasar por el miedo. La presencia de éste es la que nos mantiene anclados en el mismo lugar. Como vimos en un inicio, la presencia del miedo constituye uno de nuestros mayores impedimentos, pero el miedo al amor, es el mayor obstáculo a vencer. Para superarlo tenemos que perdonar. El perdón no va a cambiar el pasado, pero sí el futuro. El perdón no es para "los otros" es para nosotros. Para un "nosotros" que por supuesto incluye a los otros, pero no a los que catalogamos como "malos" sino a los que reconocemos como iguales, en el más alto sentido. Los que se reintegran al todo son los que dejan de diferenciarse. En pocas palabras, los que aman. No es muy amoroso dejar a alguien fuera del alcance de sí mismo a falta de perdón, pero mucho menos lo es si al que dejamos fuera es a nosotros mismos. Hasta el Código Penal contempla el perdón y la reparación del daño.

Perdonar, cibernéticamente hablando, es borrar información que previamente habíamos subido a la red. Para que me comprendan mejor, es eliminar datos que compartíamos con un grupo. Hay una aplicación llamada DropBox que ejemplifica este fenómeno perfectamente. DropBox permite crear una carpeta en internet que puede ser compartida por varios usuarios. Esta carpeta aparece en cada una de las computadoras de las personas que quieren compartir la misma información y ahí pueden depositar archivos que van a ser vistos por todos ellos. Si alguien del grupo modifica un archivo de la carpeta común, ese archivo se modifica en la computadora de todos los demás. De igual modo si se agrega nueva información. Eso mismo sucede con el perdón. No es condonar, ni pasar por alto, ni hacernos de la vista gorda. No. Lo repito para que no quede duda alguna. Una cosa es que las personas que han cometido un delito paguen por él y otra es que nosotros sigamos otorgándoles el poder de determinar lo que somos. Podemos habernos visto afectados por sus acciones pero eso no significa que eternamente vayamos a ser las personas a las que defraudaron, violaron, robaron, abandonaron, mutilaron, secuestraron, humillaron o dañaron en cualquier sentido.

Voy a dar otro ejemplo. En el iPod uno puede guardar música. A los jóvenes les encanta ir escuchando sus canciones favoritas en todos lados y utilizan este aparato para guardar en él las melodías que más les agradan. Sería absurdo que pusieran música que no les gusta, bueno, a menos que sean masoquistas. Cuando uno de sus cantantes predilectos de pronto hace una declaración ante la prensa con la que ellos están en desacuerdo, he escuchado sentencias como: "Te voy a borrar de mi iPod". Lo mismo podríamos hacer para perdonar. Podríamos borrar la información que en determinado momento "subimos" y "compartimos" con amigos.

Voy a dar otro ejemplo en atención a los que no están familiarizados con esta tecnología. Si después de treinta años de matrimonio una mujer se divorcia a causa de las constantes infidelidades de su pareja, lo más probable es que ella misma se considere como la esposa "traicionada". Esa imagen la debilita, le proporciona una identidad falsa. ¿Cómo recuperar la identidad verdadera? ¿La fortaleza? ¿La voluntad? Para empezar, eliminando la foto de la "traicionada" porque, cada vez que alguien más la observa, la recrea y la reafirma. Perdonar, en ese sentido, no es condonar las traiciones de su marido sino darse cuenta de que ella es algo mucho más que la "traicionada".

Recordemos que la imagen que tenemos de nosotros mismos es una imagen fabricada. No es real. Si nos miramos al espejo sólo veremos un cuerpo, mas no lo que ese cuerpo piensa, lo que siente, lo que recuerda, lo que anhela. Tampoco vemos los lazos invisibles que mantienen al cuerpo enlazado con el macro y el microcosmos. Lo que vemos en el espejo sólo nos representa parcialmente.

En el Todo, si cada uno de nosotros es una parte del holograma completo del Universo, en cada uno de nosotros se encuentra la identidad verdadera. Si lo deseamos, nosotros podemos ser la memoria perdida de alguien más... o sea, de nosotros mismos.

Si hemos sufrido, si hemos sentido lo que es no ser amados. ¿Por qué querer perpetuar este sentimiento?, ¿por qué enviar y reenviar pensamientos de violencia al éter? ¿Cómo pienso encontrar amor en el todo, si lo he llenado de pensamientos de odio? Si en el Universo unificado nada se pierde. Si todo lo que lanzamos tarde o temprano nos alcanza ¿Por qué nos queremos topar de frente nuevamente con el odio? ¿No sería mejor erradicarlo? ¿El incremento de la violencia en el mundo no tendrá que ver con la cantidad de imágenes violentas que compartimos hasta el cansancio?

Si como hemos visto, la transmisión de la información no es un fenómeno local y se reproduce a nivel de conciencia ¿cómo matar la violencia sin violencia? ¡Evitando repetirla!

En *Como agua para chocolate*, una de mis novelas, Tita, el personaje principal, estaba condenada a una vida de soledad. La tradición familiar decía que ella no se podía casar porque tenía que cuidar a su madre hasta el día de su muerte. Para su familia Tita no era otra cosa que el objeto del deseo de su madre. Durante la novela ella va dejando de ser víctima y se va convirtiendo en un sujeto que toma las riendas de su destino y termina por liberarse. Lo hace internamente. Transformándose y haciendo morir en ella la tradición castrante, para no pasarla a la nueva generación.

De esta manera nos aseguramos de que la información o práctica indeseada no se continúe expandiendo. Es como cuando le dan *retweet* al mensaje que alguien puso en el Twitter. Este mensaje se va a reproducir y reproducir por las redes a menos que se deje de *retweetear*. No quiere decir que el mensaje se va a borrar del todo, pero ya no se va a repetir igual.

Antes de pasar al último capítulo, les sugiero escribir una carta de perdón dirigida a quien ustedes deseen, finalmente el destinatario serás tú mismo. Redáctenla desde el corazón. Desde el pulso surgirá un nuevo ser que latirá a su mismo ritmo. Unir palabra y pensamiento es crear. Imaginar es crear un nuevo mundo. ¡Recuperen su identidad de creadores! ¡Dejen atrás a la víctima!

DOCEAVA SESIÓN
Carta de despedida

Hemos llegado a un final, que es un comienzo. El pasado quedó atrás. Y ¡lo sobrevivieron! No importa qué tan profundo fue su sufrimiento, ya pasó. Ahora pueden retomar su vida.

Deben sentirse satisfechos por el trabajo realizado. Si de manera escrita fueron capaces de confrontar lo que les infundía temor y pudieron superarlo, lo podrán seguir haciendo cada vez que lo requieran. Si pudieron recrear una imagen que los enaltecía y la intercambiaron por aquella que los demeritaba, ya iniciaron un camino de recuperación de su autoestima. Si removieron del camino los obstáculos que les impedían dejar a un lado su condición de víctimas, habrán roto el vínculo emocional que los ataba a un pasado que sólo les ofrecía el dolor como opción y están libres para elegir de nuevo, para enfrentar el presente con fuerzas renovadas. Voltear la vista atrás y revisar todo lo que han caminado y que han superado es una prueba irrefutable de su fortaleza.

Espero que hayan comprobado que al escribir se une palabra, imagen y pensamiento. Que se establecen conexiones. Que se reorganizan las ideas. Y al poner en orden las emociones se ponen en orden los pensamientos, y viceversa. Algunos de ustedes a lo mejor no pudieron llevar la continuidad de todos los ejercicios y tuvieron dificultad con algunos de ellos. No importa. Lo primordial es la disposición que mostraron y no el resultado que obtuvieron. Algunos otros tal vez sólo alcanzaron a hacer un diagnóstico pero nunca llegaron a vislumbrar cuál era la mejor manera de afrontar su problema. ¡Tampoco importa! Hacer el diagnóstico es más que suficiente. Teniendo en mente el dictamen, la solución viene en consecuencia. Sólo digan: "Me gustaría saber si hay una manera diferente de afrontar este problema". La respuesta les llegará. Es como si su mente tecleara la pregunta y la "subiera" a la

web cósmica. Muchas posibles soluciones llove-
rán sobre ustedes ya sea despiertos o en sueños. Y
ustedes las visualizarán pues han eliminado muchos de los obstáculos que les impedían tener una
buena conexión con la voluntad del Universo.
Les aseguro que el esfuerzo de trabajar con sus
emociones, de analizar sus miedos y culpas, les
rendirá frutos. Sobre todo les brindará la libertad de usar su imaginación para vislumbrar una
mejor opción de vida. ¿Por qué la imaginación?
Porque en ella reside el espíritu del arte, aquel
que tiene la capacidad y el derecho de renombrar
las cosas y resucitarlas para volverlas a colocar en
la realidad, mediante el ejercicio de la transformación. El espíritu del arte es el único que nos
puede ayudar a imaginar un nuevo país, una nueva sociedad, un nuevo mundo. Lamentablemente
a los gobiernos de derecha, bueno y a algunos
de izquierda también, no les interesa promover
las actividades artísticas debido a su inherente
carácter imaginativo y transformador. No vaya
a ser que por ahí alguien imagine un mundo sin
partidos políticos y sin diputados corruptos. Por

lo mismo mantienen las actividades académicas separadas de las artísticas. Cuando lo ideal es que la educación se imparta a través del arte.

Al participar de cualquier actividad artística, descubrimos que dentro de nosotros existe esa profunda capacidad transformadora y que al momento de utilizarla nos convertimos en creadores. En hacedores de milagros. En seres que por medio de la imaginación convierten una manzana en pie y una ola en violín.

No sólo eso, cualquier manifestación artística certifica que no estamos aislados, afirma nuestra unidad y es en nuestra unidad donde radica nuestra libertad. Donde somos dueños de nuestras elecciones y de nuestro destino. El arte es un camino de sanación y de formación de carácter, y, como tal, es un medio de progreso y bienestar. El arte es tan importante para la vida saludable de un pueblo como lo pueden ser los servicios de seguridad y de salud.

Sería muy importante reflexionar sobre el carácter invocador y transformador del arte en general y de la escritura en particular. Tomar conciencia de que nos puede unir o separar. Oprimir o liberar.

Reflexiona sobre los momentos en los que fuiste capaz de liberarte de la imagen que tenías de ti mismo y responde: ¿en qué momento te pudiste visualizar como un personaje que participa dentro de un ejercicio de dramaturgia personal?, ¿estarías dispuesto a decir adiós a esa imagen y darle la bienvenida a la nueva? Si fueras el resultado de tu propia creación y estuvieras a punto de nacer de nuevo, ¿qué te dirías? ¿Qué palabras usarías para mostrarte tu afecto?

Tal vez les incomode la idea de hablarse de forma cariñosa. No estamos acostumbrados a hacerlo. Generalmente, la opinión que tenemos de nosotros no es como para sostener un discurso positivo por más de treinta segundos. Nuestro último ejercicio consistirá en redactar una carta dirigida a ustedes mismos, en términos aprobatorios. Tratando de no emitir juicios descalificadores e imágenes de vulnerabilidad o fragilidad. En la misma incluyan la información que consideren relevante conservar. La que pueda dignificarlos, engrandecerlos. Construyan el camino por el que quieran transitar.

Finalmente hay un camino que tarde o temprano todos habremos de recorrer y es el que nos lleva de regreso al amor. A la unión. A la luz. Sólo la luz es real. Viaja, danza, aparece, desaparece, pero siempre deja rastro. La poesía es luz. La música es luz. El color es luz. El sonido es luz. Una mirada de amor es luz. Cierren los ojos y traten de sentir esa luz dentro de ustedes.

Agradezcan a cada uno de los personajes que hasta el día de hoy participaron en su historia. Al igual que como sucede en el teatro cuando se cumplen las cien representaciones en cartelera, pidan un aplauso para todos los que intervinieron en la obra. No olviden a nadie, reconozcan el trabajo de todos, desde el más importante hasta el más insignificante. Hoy todos se despiden de su público. Mañana empezarán a representar una nueva historia. La que ustedes mismos escribieron. Y en la cual algunos de sus compañeros ya no serán contratados. En su nuevo elenco tal vez ya no haya papel para asesinos ni violadores

ni racistas ni rateros ni mentirosos ni usureros
ni acaparadores ni terroristas ni traficantes ni
mezquinos ni torturadores ni defraudadores
ni especuladores ni dictadores ni pederastas ni
abusivos ni egoístas ni ladinos ni cuentachiles ni
comecuandohay ni nada que se le parezca. Pues,
para que ellos puedan representar su papel, requieren de actores que a su vez estén dispuestos a
representar el papel de víctima, y ustedes ya no lo
están. Lo hicieron por algún tiempo, pero llegó
el momento de retirarse. Tal vez llegaron a las
cien, mil, dos mil o veinte mil representaciones.
Ustedes han de saber mejor que nadie la cantidad
de noches que pasaron en vela. Los días en que
no comieron. Las horas que pasaron llorando y
buscando una palabra de aliento. Un abrazo solidario. Un hombro. Una mano.

Representar el papel de víctima no fue poca
cosa. Sirvió para demostrarle a la sociedad los pe-
nosos efectos que, en un ser humano, provoca la
falta de amor. Pero el momento del cambio llegó.
Agradezcan a los que permanecieron a su lado, a
los que les ofrecieron el pañuelo para limpiar sus

lágrimas, a los que les dieron el abrazo solidario, a los que les curaron las heridas. Después, dejen que caiga el telón. Retírense al camerino. Desmaquíllense. Desnúdense. Despójense de todo nexo que aún mantengan con un sentimiento de impotencia, de dolor. Y prepárense para su nuevo papel con la conciencia de que pueden reinventarse y reinventarse eternamente.

También es necesario que en silencio agradezcan a sus compañeros de reparto. Representar el papel del victimario no es agradable. Muchos de los que lo recrean desearían que se les hubiera asignado otro papel. Ellos, como ustedes, están capacitados para representar a cualquier personaje y nadie les dio una oportunidad de ser distintos. La buena noticia es que la transformación de ustedes, a ellos los libera. Ya no tienen que interpretar al que lastima, al que destruye, al que lacera. Ahora están en libertad de ser los que protegen, los que comparten, los que consuelan, los que besan, los que acarician, los que unen, los que enlazan, los que aman, los que aman, los que aman, ¡los que aman!

El amor no establece límites. Es la mente la que lo hace. La que mira diferencias. La que califica. La que juzga y establece preferencias. Pero antes, mucho antes de que se formara cualquier cuerpo, de que volara la primera ave, de que diera fruto el primer árbol y de que alguien los pudiera observar y diferenciar, ya había una energía incluyente que permitió que surgiera la creación. Es la misma energía que ha estado presente desde el Big-Bang. Tú has vivido desde el inicio de los tiempos ya que eres parte de este cosmos. En tus células habitan millones de estrellas. En tu cuerpo circula ese flujo de energía incesante que ha existido por siempre. Temporalmente habitas en un cuerpo, pero cuando éste desaparezca, nuevamente pasarás a formar parte del Todo. Darás vida a otras vidas que escribirán otras historias y en cada una de ellas tendrás una participación. Aparecerás diluido en otras voces, en otras presencias, en otras miradas. Todos los que han estado presentes en tu vida hasta ahora, también seguirán estando presentes de muchas otras maneras, pues estamos enlazados. Todo está enlazado.

Así que todos unidos, tómense de las manos y prepárense para una metamorfosis colectiva. Porque así como un personaje pierde su función cuando su antagónico se transforma, el cambio interno de un grupo, ya no se ajustará a una estructura social que los oprime y requerirá de cambios urgentes. Si analizamos con cuidado, somos todos nosotros los que sostenemos a las instituciones, gobiernos, magistraturas, sistemas bancarios, sistemas de salud, sistemas educativos, que de ninguna manera están sirviendo a nuestros intereses. Todas las organizaciones que avalan actos que nos perjudican, que dan impunidad a los delincuentes, que rescatan a la banca, que definen los salarios, que autorizan el alza de impuestos, que califican elecciones fraudulentas, funcionan con base en dinero que nosotros les aportamos. ¿No es absurdo que sostengamos en su puesto a todos los que actúan en nuestra contra? Muchos de ellos reciben salarios inmorales de los cuales no quieren prescindir. El dinero es lo único que los sostiene en el poder, ninguna otra cosa, porque ¡es claro que no les importamos! El dinero es su talón de Aquiles. La ausencia de dinero es su sentencia de muerte. ¡Dejemos de mantenerlos y se colapsarán! Ellos no son capaces de trabajar gratuitamente y de mantener una actitud de servicio auténtico. Nosotros sí. Nosotros, la sociedad civil organizada, podemos diseñar nuevas ciudades, nuevas maneras de producir y de compartir, nuevos sistemas educativos, de salud y de seguridad. Conjuntamente podemos implementar políticas públicas de corte humanista que nos brinden bienestar… y en abundancia. Podemos imaginar sociedades en donde la competencia no sea el rasero y el dinero no sea el que regule nuestra existencia.

En el gran teatro del mundo, si despojamos a los opresores del rol que juegan, nosotros recuperamos nuestro papel de creadores. Imaginemos comunidades libres, dichosas. En las cuales el amor recupere su verdadero valor como fuerza aglutinante, generadora de vida.

Se vale imaginar cualquier utopía. ¡Escríbanla! Mantengan en mente esta frase: *debe de haber otra forma*; de sembrar, de trabajar, de producir, de ejercer la justicia, de reintegrar a la sociedad a los que delinquen, de educar, de sanar, de vivir. Si ponemos el poder de la imaginación a nuestro servicio estoy segura de que descubriremos nuevas fórmulas de convivencia.

Sean el espejo donde otros se reconozcan, donde otros renazcan, donde otros se liberen. La oscuridad que lograron desvanecer por medio de sus ejercicios dejó el paso abierto a la luz. Al resplandor. Las conexiones luminosas que reestablecieron tienen efecto en ustedes y en todos. Por la parte que a mí me corresponde les doy las gracias. Mil gracias y ¡buen camino! Aquí no hay punto final, la historia continúa.

ESCRIBIENDO LA NUEVA HISTORIA
ÍNDICE

HIJOS GORDOS
Martha Alicia Chávez

¿Por qué un libro sobre hijos gordos? Las estadísti-
cas nos indican que la obesidad infantil, en realidad
el sobrepeso, es una enfermedad globalizada. En la
vida real se les llama "gordas" y no "obesas" a las
personas con sobrepeso, y este término carga un sentido emocional particular, que la autora examina a
lo largo de este libro con absoluto respeto. A través
de experiencias e historias que compartieron cuatro
personas que fueron hijos gordos, la autora identifica
la situación de cada sujeto y la estudia a fondo con
su particular estilo, para ofrecer una atinada perspec-
tiva sobre sus causas y sus posibles soluciones, y dejar
claro que la problemática entraña dificultadas sociales, familiares y personales. El libro incluye además
el anexo *Hijos gordos: un enfoque nutricional* donde
la nutricionista Margarita Chávez Martinez analiza
cómo combatir la obesidad infantil cumpliendo a la
vez con los requerimientos nutricionales indispensables para el ser humano.

Autoayuda

MI MUNDO ADORADO
Sonia Sotomayor

La primera latina y tan sólo la tercera mujer designa-
da a la Corte Suprema de los Estados Unidos, Sonia
Sotomayor se ha convertido en un icono americano
contemporáneo. Ahora, con un candor e intimidad
nunca antes asumido por un juez en activo, Sonia
nos narra el viaje de su vida —desde los proyectos
del Bronx hasta la corte federal— en una inspiradora
celebración de su extraordinaria determinación y del
poder de creer en uno mismo.

Biografía

VIAJE HACIA EL BIENESTAR
Deepak Chopra

Viaje hacia el bienestar agrupa las principales ideas de Deepak Chopra y las organiza de tal manera que crean un auténtico viaje trascendental hasta el bienestar. A lo largo del camino, descubriremos que los pensamientos y sentimientos pueden, en realidad, cambiar nuestra biología. Aprenderemos a superar las limitaciones autoimpuestas que crean negatividad y enfermedades, y a buscar ese lugar en nuestro interior que está alineado con la inteligencia infinita del universo.

Autoayuda/Espiritualidad

EL MÉTODO
Las herramientas para transformar tu vida
Phil Stutz y Barry Michels

A través de cinco dinámicas y prácticas herramientas, los terapeutas Phil Stutz y Barry Michels han creado un método que da el poder a las personas para ser los protagonistas activos de su propia transformación personal y convertir sus miedos y ansiedades en oportunidades. A lo largo de este proceso, los lectores encontrarán el coraje, adquirirán la disciplina, mejorarán la comunicación y desarrollarán su creatividad —y los obstáculos desaparecerán. Durante años Stutz y Michels han enseñado estas técnicas a sus pacientes, pero ahora con *El método* estas poderosas y revolucionarias herramientas están al alcance de todos los lectores que quieran descubrir el gran potencial que todos poseemos, ofreciendo soluciones rápidas y eficaces a los problemas que nos bloquean.

Autoayuda

VINTAGE ESPAÑOL
Disponibles en su librería favorita.
www.vintageespanol.com